Elisabeth Jucker

Unterwegs in Sikkim

Die abenteuerliche Reise durch das ehemalige Königreich Sikkim führt nach Rumtek, Gangtok, Kewzing, Rinchenpong, Pelling und Yuksam.

Wanderungen durch die dünn besiedelte Landschaft, Besuche von oft unbekannten Klöstern und Kontakte mit einheimischen Menschen haben Elisabeth Jucker die animistisch geprägte buddhistische Kultur, die Sitten und Bräuche Sikkims näher gebracht.

Ihr Interesse galt vor allem den Menschen, wie sie leben, welche Sorgen sie umtreiben, was sie erstrebenswert finden, wie sie denken und wovon sie träumen.

Ihr junger, pfiffiger und kluger Guide vom Volk der Bhutia war der ideale Begleiter. Er hat ihr über Land und Leute und auch viel aus seinem eigenen Leben erzählt.

Elisabeth Jucker

Unterwegs in

Sikkim

Kultur- und Wanderreise
im ehemaligen Königreich

Umschlagfoto: Windbetriebene Gebetsmühle,
Tashiding Monastery

Bibliografische Information der Deutschen Nationalbibliothek: Die Deutsche Nationalbibliothek ver-
zeichnet diese Publikation in der Deutschen Nati-
onalbibliografie; detaillierte bibliografische Daten
sind im Internet über http://dnb.d-nb.de abrufbar.

© 2018 Elisabeth Jucker
Umschlag, Gestaltung, Satz: ju-design.ch
Fotos: Elisabeth Jucker
Lektorat: Evelyne Roth
Verlag: Tredition GmbH, Hamburg

Paperback   ISBN 978-3-7439-7671-9
e-Book   ISBN 978-3-7439-7672-6
Printed in Germany

Inhalt

Tibet / China

Nepal

Bhutan

Nord District

Rathong Chu

Yuksam

Tista

Gangtok

Pelling

Kewzing

Rumtek

Kalet Chu

Rabongla

Siriwani

Dentam

Temi

Ost District

Rinchenpong

Damthang

Reshi

Rongphu

West District

Rangit

Rangpo Chu

Sikkim

Jorethang

Süd District

Tista

Rangit

Melli

Westbengalen

Darjeeling

Route
Grenze
Fluss

Bagdogra

Für Tseten Lakpa Bhutia und Ashis Lama
mit herzlichem Dank für ihre Begleitung
und die vielen Geschichten, die sie mir
erzählt haben.

Sikkim, das ehemalige Königreich

Das Geschenk, das mir Bhila am Flughafen von Bagdogra zum Abschied überreicht hat, steckt in meinem Rucksack. Nach dem langen Flug endlich zu Hause, nehme ich die in Zeitungspapier gewickelte kleine Schachtel heraus. Im Norden Indiens wird nichts verschwendet, ob Gemüse, Fisch, Süssigkeiten oder – wie in meinem Fall – ein Geschenk, alles wird in Zeitungspapier eingeschlagen. Es befinden sich zwei grüne, mit feuerspeienden blauen Drachen bemalte Porzellanschalen darin. Blau und grün gehören zu meinen Lieblingsfarben, das hat Bhila in den vergangenen zwei Wochen herausgefunden. An der einen Schale entdecke ich einen kaum sichtbaren Haarriss. Schade. Hoffentlich ist das kein schlechtes Omen. Normalerweise liegen mir solche Schlussfolgerungen fern, doch vielleicht hat Sikkims buddhistische Kultur bereits Spuren hinterlassen. Alles hängt zusammen. Nichts ist zufällig.

Sikkim, das gebirgige Land im östlichen Himalaja, das zwischen Nepal und Bhutan liegt und vom westlichen Tourismus kaum wahrgenommen wird, ist ein ehemaliges Königreich und gehört seit 1975 zu Indien. Seine Berge zählen zu den höchsten der Welt, doch da die Gipfel des Kangchendzönga-Massivs heilig sind und nicht bestiegen werden dürfen, fehlen die Rekorde, über die berichtet werden könnte.

Mit 600 000 Menschen auf einer Fläche von 7000 km^2, wovon der nur am südlichen Rand besiedelte Nord-Distrikt über die Hälfte einnimmt, ist Sikkim ein sehr kleines Land.

Meine Reise dauerte vom 25. März bis am 9. April 2017. Begleitet wurde ich von Bhila, der zur Ethnie der Bhutia gehört und somit zu den Urvölkern Sikkims zählt. Er zeigte mir das Land mit allen Schönheiten und Gegensätzen. Ashis fuhr uns in seinem Toyota Innova sicher durch die unvorstellbarsten Strassenverhältnisse und Verkehrssituationen. Die beiden jungen Männer bildeten das perfekte Team. Jeden Morgen standen sie neben dem frisch gewaschenen Auto und begrüssten mich fröhlich und gut gelaunt:

«Good morning, Mädm!»

Diese Anrede behielten sie bei. Das Angebot, mich beim Vornamen zu nennen, lehnten sie ab. Sie wussten, dass das bei uns üblich ist, doch hier, in ihrer Kultur galt diese unmittelbare Anrede als respektlos. Beide waren um die dreissig, ich über sechzig. Bhila sagte, es würde ihm schwer fallen, mich einfach beim Vornamen zu nennen, weil bei ihnen auch im täglichen Umgang immer die Angabe einer Verbindung wie Bruder, Onkel, Schwester oder Schwager verwendet werde. Im Dorf kann ein Verwandter als Bruder angesprochen werden, etwa ein Cousin. Ausserhalb des Dorfes ist ein Bruder jemand, der aus dem gleichen Ort stammt. So entstehen grosse Beziehungsnetze und ein starkes Gefühl der Zusammengehörigkeit.

Nach der zweiwöchigen Reise nannte mich Bhila beim Abschied «Amala», das soviel wie Patin bedeutet. Diese Anrede hätte mir besser gefallen als «Mädm», aber sie erforderte ein Vertrauensverhältnis, das aufzubauen seine Zeit gebraucht hatte.

Einen passenden Reiseführer als Vorbereitung für die Reise fand ich nicht, jedoch boten Wikipedia und diverse Blogs viele Informationen. Die Bücher «Faszinierendes Sikkim» von Margarete Franz und «Trekking in Sikkim und Darjeeling» von Sabine Riese habe ich gern gelesen.

Mein Buch ist kein Reiseführer. Es geht darin nicht um Routenbeschreibungen, Hoteltipps oder Informationen über Sehenswürdigkeiten, sondern um mein persönliches Erleben, um meine subjektive Wahrnehmung. Ich erzähle von den

Begegnungen mit Sikkims Menschen, ihrer animistischen und buddhistischen Kultur, von Urwäldern, Bergen und Flüssen, den guten und schlechten Strassen, den zerstreuten Siedlungen, Dörfern und Städten, die ich besucht habe, und ich erzähle über mein stetes Bemühen zu verstehen.

Vieles, was den Buddhismus betrifft, ist mir durch Bhilas Erklärungen verständlicher geworden. Er besitzt die Fähigkeit, sich in sein Gegenüber hineinzuversetzen und seine Erläuterungen dem jeweiligen Wissensstand anzupassen. Manchmal waren es einfache Grundlagen, die er mir zuerst erklären musste, damit ich die Zusammenhänge verstehen konnte. So erfasste er den Kern meiner Fragen meistens gut und beantwortete sie sozusagen interkulturell. Es ist eine Begabung, sich in andere Denkweisen hineinzuversetzen. Das ist ihm gut gelungen, und mir – so hoffe ich – ebenfalls ein wenig.

Der Buddhismus ist eine komplizierte Religion. Warum die Menschen verschiedene Wiedergeborene verehren, ist mir erst durch Bhilas Einführung klar geworden. In den westlichen Köpfen gibt es den stillen, meditierenden Buddha, der in vielen asiatischen Ländern verehrt wird, der ruhig dasitzende, erhabene Buddha, dessen Leben und Erleuchtung Hermann Hesse in seinem Buch «Siddhartha» beschrieben hat. Dieser verehrte Buddha taugt jedoch nicht für die Bergvölker im Himalaja. Diese sind aus einer animistischen Religion in den Buddhismus hineingewachsen. Hier in dieser rauen Gegend braucht es einen zornigen Buddha, den Guru Padmasambhava, der die Dämonen vertreibt, die in den Bergen und Höhlen hausen, so dass sich die Menschen weniger fürchten müssen. In meiner ersten Nacht im faltigen Gebirge wurde ich von einem grollenden Rütteln aufgeweckt. Das Gefühl des Ausgeliefertseins ist mir noch gegenwärtig. Am nächsten Tag erfuhr ich, dass das Erdbeben eine Stärke von 4,5 aufgewiesen und vier Sekunden gedauert hatte.

Das Nicht-töten-dürfen und trotzdem Fleischessen hat bereits auf meiner Reise in Bhutan zu interessanten Diskussionen geführt. Bhila erklärte mir nun auf einfachste Weise, warum er als Bhutia und Buddhist Fleisch essen darf: «Bergvölker können Fleisch verdauen, weil sie es brauchen. In dieser rauen Gegend, wo die Menschen manchmal tagelang unterwegs sind, reichen die leicht verbrennbaren Kohlenhydrate nicht aus. Als Buddhisten dürfen sie nicht töten, aber ist das Tier einmal tot, kann es gegessen werden.»

Auf meine Frage, wer es denn töte, sagte er, dass die Metzger häufig Moslems seien. Auch Jagen ist den Urvölkern in gewissen Fällen erlaubt. Ich werde die Geschichte von Bhilas Grossvater, der seine Braut bei einem Wettschiessen gewonnen hat, später erzählen.

Was mir an Bhila gefiel und uns auf Augenhöhe diskutieren liess, war unsere übereinstimmende Ansicht, dass der Glaube und seine Legenden hilfreich sind, um das Leben zu verstehen und zu bewältigen. Nicht alle Menschen benötigen das im gleichen Ausmass. Seiner Meinung nach sind wir im Westen so verwöhnt, dass wir uns locker über alle Arten von Glauben und Aberglauben mokieren können, wir leben bereits im Paradies und müssen nicht mehr danach streben.

Ich bin keine Expertin, weder für Kultur noch für Religion, ich interessiere mich für die Menschen, wie sie leben, wie sie denken, was sie erstrebenswert finden und wovon sie träumen. Die Geschichten und Legenden gebe ich so wieder, wie ich sie gehört, verstanden und in Erinnerung behalten habe. Die Namen von Ortschaften, Flüssen und Bergen findet man in verschiedenen Schreibweisen. Meine Auswahl entspricht meistens der deutschen, manchmal der englischen Version, oft ist sie phonetisch.

Gutes Kartenmaterial zu finden war schwierig. Die monochrome topografische Karte (nach schweizerischem Standard), die ich unterwegs kaufte, hätte eine Lupe erfordert, um die Linien der Höhenkurven, Strassen, Wege und Flüsse zu verfolgen. Die «Trekking-Map Sikkim 1:150 000», die allerdings aus Nepal stammt, bot einen guten aber groben Überblick. Manchmal zeichnete ich die Routen mittels GPS per Smartphone auf (die Runtastic-App eignet sich gut), auswerten liessen sich die Daten jedoch erst zu Hause.

Nun werde ich mit Hilfe meiner täglichen Reisenotizen zu schreiben beginnen und die Leserinnen und Leser bitten, mich auf der Reise von Delhi nach Bagdogra, Rumtek, Gangtok, Kewzing, Rinchenpong, Pelling, Yuksom, von dort nach Darjeeling und wieder zurück nach Bagdogra zu begleiten.

Bhila hat mir ausdrücklich erlaubt, dass ich alles, was er mir erzählt, weitergeben darf. An dieser Stelle möchte ich ihm ganz herzlich dafür danken!

Grenzübergang in Rongphu

Unterwegs in Sikkim

Ankunft in Sikkim

Endlich geht es los. Swiss-Flug 146 ist zum Einsteigen bereit – und ich ebenfalls. Nach acht Stunden landen wir mit etwas Verspätung in Delhi und somit in einer anderen Welt.

Zuerst heisst es beim E-Visa-Schalter anstehen. Dieses Einreiseprozedere steckt noch in den Kinderschuhen. In meinem Fall sind mehrere internationale Flüge gleichzeitig angekommen, das heisst, dass man unter Umständen viele Stunden warten muss, bis jede einreisende Person ihre zehn Fingerabdrücke hinterlassen hat. Die Geräte funktionieren nicht richtig. Auch ich muss meine Finger mehrmals benetzen und auf die Glasplatte legen. Die Stimmung ist angespannt, weil immer wieder einzelne Personen vorne eingeschleust werden.

Das Geldwechseln geht zügig voran. Dinesh, ein junger Mann der lokalen Reiseagentur, der den Auftrag hat, mich zum Hotel zu bringen, erwartet mich am Ausgang, nimmt mein Gepäck und führt mich zum Taxi. Nun sollte nichts mehr schiefgehen. Beim Hotel «Lemon Tree» angelangt, gebe ich dem Taxifahrer ein Trinkgeld und passiere die Sicherheitsschleuse. Doch wo ist mein Gepäck? – Ich kehre zum Auto zurück. Der Kofferraum ist leer. Schockstarre! Niemand hat meine gelbe Tasche eingeladen. Dinesh schaut an mir vorbei. Vermutlich ist sie hinter dem Auto stehengeblieben. Um über Schuld zu streiten, bleibt keine Zeit. In rassigem Tempo fahren wir zurück zum Flughafen. Dort steht sie, scharf bewacht von drei Polizisten. Immerhin ist sie noch da. Nach der Identifikation dürfen wir sie einladen. Ich brauche nicht zu schildern, welche abenteurlichen Szenarien mir auf der rasanten Fahrt durch den Kopf gegangen sind.

Nach einer kurzen Nacht gibt es Frühstück vom Buffet. Zwei Stunden vor Abflug treffe ich wieder am Flughafen ein. Meinem Begleiter passiert ein weiteres Missgeschick. Weil er es – so nehme ich an – besonders gut machen will, nimmt er meine gelbe Tasche und eilt zum Check-In. Es geht zügig voran, doch leider stehen wir bei der falschen Airline in der Warteschlange. Da wir genug Zeit haben, ist es kein Problem.

GoAir G8-153 startet pünktlich um 11.25 Uhr. Der Flug nach Bagdogra in Westbengalen dauert zwei Stunden. Langweilig wird es mir nicht inmitten einer indischen Grossfamilie. Ob im Zug, Bus oder Flugzeug, es spielt sich die immer gleiche Szene ab: Jemand von der Familie muss neben der fremden Frau sitzen, aber wer? Meistens wird ein Kind beordert, manchmal ergibt sich ein junger Mann dem unvermeidbaren Schicksal. Später, wenn alle sehen, dass nichts passiert, werden die Sitze dann munter gewechselt. So auch auf diesem Flug, zuerst sitzt ein Vater mit seiner kleinen Tochter neben mir, später zwei Knaben, die mit digitalen Spielen beschäftigt sind, danach Mädchen, die sich über Sitzreihen hinweg necken. Ich beobachte die Erwachsenen, die zur Freude der Flight Attendants im Gang herumstehen und sich gutgelaunt unterhalten. Die Männer tragen sportliche Freizeitkleidung, Jeans und Poloshirt, nur einer trägt ein langes Hemd und die muslimische Kopfbedeckung, eine randlose weisse Kappe aus Stoff. Die schlanken Frauen sind schick gekleidet und reich geschmückt. Die Kinder gehören zu den vier jüngeren Paaren. Eine genauere Zuordnung ist schwierig. Dann gibt es ältere Frauen, durchwegs in Saris gekleidet, die sich vorteilhaft an die üppigen Formen anpassen. Tanten, Grossmütter? Ich kann nur raten. Die älteren Männer in Hemden, die lose über Bauch und Bund hängen, wirken farblos und missmutig. Vielleicht ist die Gesellschaft unterwegs an eine Hochzeit oder Familienzusammenkunft.

Der Ankunftsbereich des für die Gegend wichtigen Flugha-
fens ist gut überschaubar. Nach der überpünktlichen Landung
und noch bevor die Koffer auf dem Rollband liegen, sehe ich
beim Ausgang den jungen Mann mit dem Schild von Hima-
laya Tours, meinem Reiseorganisator. Er macht einen netten
Eindruck. Wir winken uns zu. Als ich neben ihm stehe, stelle
ich fest, dass er einen halben Kopf kleiner ist als ich. Das bin
ich mich nicht gewöhnt. Ich werde auf der Reise durch Sikkim
noch merken, dass die Urvölker, Bhutia und Lepcha, durchwegs kleine Menschen sind.

Bereits um 14 Uhr, eine halbe Stunde nach der Landung,
sind wir unterwegs nach Rumtek, der ersten Etappe meiner
Reise.

Tseten Lakpa Bhutia, so heisst mein Guide, ist ein freundli-
cher junger Mann. Ich soll ihn Bhila nennen. Den Grund dafür
nennt er mir auch gleich. Sein Bruder heisst ebenfalls Tseten,
so wird eine Verwechslung vermieden. Warum gibt man zwei
Söhnen den gleichen Vornamen? Meine Frage beantwortet er
mit einem Schulterzucken. Sein Vater hat es so entschieden.
Der mittlere Name Lakpa bedeutet, dass er an einem Mittwoch
geboren ist. Der Nachname verweist darauf, dass er der Ethnie
der Bhutia angehört.

In den kommenden zwei Wochen wird mir Bhila sein Hei-
matland Sikkim, seine Kultur, den animistisch geprägten Buddhismus, die wilde Natur, die majestätischen Berge, die freundlichen und zufriedenen Menschen auf unvergessliche Weise
nahebringen.

Der Fahrer heisst Ashis Lama, ist 32-jährig und gehört
weder zu den Bhutia noch zu den Lepcha. Ich nehme an, dass
er ursprünglich aus Nepal stammt. Lama ist dort der Name
einer Volksgruppe. Sein Auto, das er sorgfältig pflegt, ist ein
komfortabler Toyota Innova. Die hintere Sitzbank ist mit einem Teppich ausgelegt, Sicherheitsgurten braucht es nur vorne.
Als Bhila merkt, dass ich zögere, hinten einzusteigen, bietet er
mir seinen Sitz neben dem Fahrer an. Unentschlossen lehne ich

ab. Ich kann ja immer noch wechseln, wenn es mir hinten zu unbequem ist. Vorne wäre die Sicht natürlich besser. Das Thema beschäftigt mich eine Weile. Beim Fahren merke ich, dass es für den Rücken nicht schlecht ist, weil ich die Schaukelbewegungen aufrecht sitzend ausgleichen muss. Zudem kann ich nach Belieben die Seite wechseln.

Die Hinterköpfe meiner Begleiter gleichen sich aufs Haar und reizen mich zu einem Kommentar nicht wegen der Form, sondern wegen der Frisur. Der Kopf ist rundum geschoren, oben bleibt ein etwa fünf Zentimeter breiter Streifen mit längeren Haaren, die schwungvoll nach rechts hinten frisiert sind. Ich habe diese Frisuren auch bei uns schon gesehen. Ich frage, ob dieser Style die neuste Mode sei. Beide grinsen: «Yes, Mädm!»

Der Weg nach Rumtek folgt dem Lauf der Tista. Der Fluss entspringt den Gletschern im obersten Norden, mündet in den Brahmaputra und endet schliesslich im Golf von Bengalen. Schlauchboote treiben auf dem Wasser, River Rafting ist eine beliebte Touristenattraktion.

Nach anderthalb Stunden erreichen wir eine kleine Ortschaft und legen eine Pause ein. Bhila führt mich auf die Veranda im Obergeschoss eines Restaurants. Hier sitze ich allein zwischen Gebetsfahnen und aufgehängten Wäschestücken, blicke auf den Fluss hinunter und höre den Lärm der Strasse. Die Temperatur liegt um die 20 °C mit einer angenehmen Luftfeuchtigkeit. Schon bald werden mir Chai und Momos serviert. Es ist kein Touristenort, die Leute sind zurückhaltend, was nicht heisst, dass sie mich nicht beobachten. Die mit Gemüse gefüllten Teigtaschen schmecken mir. Dazu gibt es eine scharfe rote Sauce.

Mir fallen die kräftigen Farben auf, die Brüstung der Veranda ist dunkelgrün gestrichen, die Hauswand senfgelb, der Türrahmen in einem leuchtenden Rot. Links und rechts davon hängen schwarz gerahmte Aquarelle mit Blumensujets, Margerite und Primel.

Nun bin ich also hier, angekommen in der Wirklichkeit dieses ehemaligen Königreichs zwischen Nepal und Bhutan, das ich so oft auf der Karte gesucht und mit Google Earth erkundet habe.

Dass die Männer nicht mit mir essen wollen, kenne ich von früheren Reisen, sie fühlen sich unwohl und unbeholfen mit unserem Besteck und essen lieber von Hand, was sie in unserer Gegenwart jedoch ungern tun. Was sie selber essen, interessiert mich sehr. Mit der Zeit werden sie merken, dass mir nicht nur Momos und Nudelsuppen schmecken.

Weiter fahren wir südöstlich der Tista, auf der westbengalischen Seite bis nach Rongphu. Dort, wo der Rangpo in die Tista fliesst, überqueren wir eine Brücke und gleichzeitig die Grenze zu Sikkim.

Bhila erledigt die Formalitäten, die für meine Einreise nötig sind. Dazu braucht er den Pass und das E-Visum. Im Tourist Information Center wird mir eine Aufenthalts- und Reisebewilligung für dreissig Tage ausgestellt. Eine Verlängerung auf maximal sechzig Tage wäre möglich, was für mich nicht in Frage kommt, da meine Reise fest geplant ist. Bei einem Trekking könnte das anders aussehen.

Die Regionen, die ich besuchen darf, sind definiert. In Nord-Sikkim gehört nur ein kleines Gebiet dazu. Wegen seiner Nähe zu China ist Sikkim «Restricted Area». Eine Reiseerlaubnis für Einzelpersonen gibt es erst seit kurzem, vorher musste man als Gruppe unterwegs sein, was mindestens zwei Personen bedeutete.

Ich lege das gefaltete Papier in meinen Pass, um es bei Bedarf vorweisen zu können. Bei der Ausreise werde ich das Dokument wieder abstempeln lassen.

Nach der Grenze stelle ich überrascht fest, dass alles ein wenig netter aussieht. Die Häuser sind bunter. Es liegt weniger Abfall herum. Die Brücke hat uns in ein anderes Land geführt. Singtam, Radang, Ranipul sind Orte, die am Weg liegen, und ich frage mich schon, wie wir die fehlenden Höhenmeter bis nach Rumtek, das auf 1550 m ü. M. liegt, schaffen werden. Kaum gedacht, wird die Strasse steiler, und wir gewinnen schnell an Höhe. Die Abzweigung nach Gangtok, der Hauptstadt Sikkims, lassen wir rechts liegen, fahren weiter durch die gebirgige Gegend mit saftig grünen subtropischen Wäldern, terrassierten Hängen und zerstreuten Siedlungen.

Um halb sieben treffen wir im Hotel «Bamboo Retreat» ein und werden freundlich empfangen. Es ist bereits dunkel, so dass ich von der Umgebung nicht viel sehe. Im Essraum flackert ein Feuer.

Schon bald sitze ich vor dem Cheminée und strecke meine Beine unter dem niederen Tischchen aus. Das traditionelle Essen, das mir serviert wird, besteht aus Reis und verschiedenen Beilagen. Dazu trinke ich frischen, mit Stevia gesüssten Pfefferminztee. Ich bin der einzige Gast.

Das «Bamboo Retreat» ist ein sogenanntes Boutique Hotel mit verschieden gestalteten Zimmern. Es gibt einen Meditationsraum, eine Bibliothek, einen Aufenthaltsraum und einen wunderschönen, terrassierten Garten. Im Zimmer «Mandarine» dominieren Orangetöne. Ein kleiner Heizlüfter sorgt für eine komfortable Temperatur. Die Bedienung der Dusche ist genau beschrieben: Heisswasserhahn rechts nach links drehen; Kaltwasserhahn links nach rechts … Es ist alles andere als einfach, die Temperatur zu regeln, gefühlsmässig drehe ich falsch herum. Die Bettwäsche riecht nicht gerade frisch. Doch da ich den Standard in diesem Land noch nicht kenne, nehme ich die Umstände als gegeben hin, warum sonst steht auf allen Ausrüstungslisten, dass man einen Seidenschlafsack einpacken soll.

Um neun liege ich im Bett, ziemlich müde von den vielen Eindrücken an diesem ersten Tag meiner Reise und schlafe schnell ein.

Plötzlich bin ich hellwach! Ein dumpfes Grollen erschüttert das Haus, die Erde bebt. Ich weiss genau, wo ich bin. Das schlimme

Erdbeben in Nepal im Jahr 2015 fällt mir ein. Man sollte das Gebäude verlassen, diese Regel kommt mir nun in den Sinn. Ich stehe auf. Das Rütteln hört auf. Alles ist sehr still um mich herum. Ob das Personal hier oder auswärts schläft, weiss ich nicht. Wahrscheinlich bin ich mutterseelenallein im Hotel. Vom Fenster aus sehe ich am fernen Hang die Lichter von Gangtok. Fragen tauchen auf: Überspanne ich den Bogen mit dieser Reise? Fordere ich das Schicksal zu sehr heraus?

Ich lege mich wieder hin und lausche den Nachtgeräuschen. Sie werden leiser, verstummen, ich schlafe ein. Irgendwann spüre ich eine schwarze Stille, wie wenn etwas den Atem anhalten würde. Dann bebt die Erde erneut, nicht mehr so heftig. Ich warte. Nach einer Weile erwachen die Geräusche wieder, die Hunde beginnen zu bellen.

Am Tag des schweren Erdbebens in Nepal am 25. April 2015 war ich von Delhi über Kathmandu nach Bhutan unterwegs. Der Abflug in Delhi wurde verschoben, annulliert und dann doch durchgeführt. Das ist kein ungewöhnliches Prozedere bei Sichtflügen in topografisch schwierige Gebiete wie das Gebirge von Bhutan. Ich hatte in der Transithalle auf einem Bildschirm zwar Rettungsbilder gesehen, sie aber nicht einordnen können. Beim Anflug auf Kathmandu sah ich viele Menschen in den Strassen, bunte Zelte auf Plätzen und hinter Häusern. Es war Sonntag. Fand da unten ein Festival statt? Ich verstand nicht, was vor sich ging. Wir landeten ganz normal. Die zusteigenden Passagiere einer italienischen Reisegruppe klärten uns auf. Sie schätzten sich glücklich, evakuiert zu werden. Nach der Landung in Bhutan fuhr ich nach Thimphu und spürte dort, als ich im Hotel auf den Zimmerschlüssel wartete, wie der Stuhl, auf dem ich sass, zu wackeln begann. Es gab noch mehrere Nachbeben. Aber das leichte Schwanken war nichts im Vergleich zu dem, was ich hier in dieser Nacht erlebt habe.

Mittagspause unterwegs nach Rumtek

Hotel «Bamboo Retreat» in Rumtek

Zu Fuss unterwegs zum Bhutia-Dorf

Die Sonne scheint mir ins Gesicht. Es ist schön auf diese Weise zu erwachen. Sofort fällt mir das Erdbeben wieder ein und das damit verbundene Gefühl des Ausgeliefertseins. Ich werde Bhila und Ashis fragen, wie ich mich hätte verhalten sollen, und ob solche Beben hier normal sind (Gott behüte mich!).

Das sonnige aber frische Wetter lockt mich hinaus. Ich ziehe eine Jacke an und spaziere durch den Garten, der im terrassierten Gelände angelegt ist. Was ich da alles finde! Verschiedene Kräuter, Gemüse, Blumen, Mais, Erdbeeren, Bohnen, Kartoffeln und Pflanzen, die ich nicht kenne. Schmale, gepflegte Wege führen hin und her bis ganz nach unten. Fruchtfolgebeete, eigener Kompost; wie ich sehe, wird hier nach biologischen Regeln gegärtnert. Viele Pflanzen sind beschriftet. Mein frischer, mit Stevia gesüsster Pfefferminztee von gestern Abend ist hier gepflückt worden. Ein Paradiesgarten!

Der Tisch fürs Frühstück ist draussen gedeckt. Die Sonne wärmt angenehm. Um 8 Uhr bringt mir Dawa (der am Montag Geborene), ein junger Lepcha mit modischer Brille, einen Chai Masala. Der gewürzte Schwarztee mit Milch wärmt durch seine Schärfe gleich doppelt. Er bleibt mein Lieblingsgetränk auf dieser Reise. Der Porridge, auf den ich sonst gern verzichte, schmeckt viel besser als erwartet. Die kleingeschnittenen Früchte – heute sind es Banane und Apfel – verleihen ihm etwas Süsse. Ein Stück Papaya und Fladenbrot mit gewürztem Gemüse ergänzen das Frühstück.

Soll ich Rohes, das mir auf einem Teller serviert wird, essen oder nicht? Diese Frage hat sich bereits gestern Abend gestellt. Ich habe die als Vorspeise in dünne Scheiben geschnittenen rohen Karotten, Gurken und Randen gegessen. Wenn mir der Koch Gemüse aus dem hauseigenen Biogarten servieren lässt, heisst es, dass er die Vorlieben seiner westlichen Gäste kennt und somit hoffentlich auch die Hygienebedingungen. Das alles setze ich nun einmal voraus. Zudem habe ich bereits gemerkt, dass man Sikkim nicht mit Indien gleichsetzen darf. Sikkim befindet sich – in jeder Hinsicht – zwischen Nepal und Bhutan. Es ist ein geordnetes Land, nicht so arm wie Nepal und etwas weltlicher als Bhutan. Die Umwelt scheint intakt, das ehemalige Königreich ist mit 86 Einwohnern pro km² dünn besiedelt, der herumliegende Abfall hält sich in Grenzen, die Menschen sind sich der Notwendigkeit von Hygiene bewusst. Es gibt genug Wasser. Dass ich auf dieser Reise doch einmal Imodium schlucken muss, verdanke ich meiner kulinarischen Entdeckerfreude. Essen ist immer auch Abenteuer, und leider kann ich nicht allen Versuchungen widerstehen.

Um 9 Uhr stehe ich in Wanderschuhen und mit dem Tagesrucksack vor dem Hotel bereit. Wir gehen durch den Garten gleich in den Wald hinein. Schmale Wege führen durch die wuchernde subtropische Pflanzenwelt, wir spazieren auf den Rändern von Reisterrassen an Siedlungen vorbei oder durch diese hindurch, schauen den Menschen beim Arbeiten und Leben zu. Ich darf eine Küche anschauen, die Frau zeigt mir ihren Herd, der traditionell aus Lehm gebaut ist, am Boden befindet sich die Einschuböffnung für das Holz. Sie ist allein zu Hause, die drei Kinder sind in der Schule, der Mann auf dem Feld. Die Frau hat eine unbehandelte Hasenscharte. Ich sehe das zum ersten Mal.

Zwei neugierige Kühe strecken ihre Köpfe aus dem Stall. Bhila zeigt mir, wie ein Kippbalken zum Zerstampfen von Maiskörnern oder Getreide benützt wird. Im Lehmboden befindet sich eine Mulde, wo die Körner hineingelegt werden, der

Balken mit dem Stössel dran wird mit dem Fuss in Bewegung versetzt.

Bhila merkt schnell, was mich interessiert und macht mich auf diese und jene Pflanze aufmerksam. In einem Waldabschnitt bückt er sich, gräbt ein Farn aus, an dessen Wurzel sich eine kleine braune Knolle befindet, die essbar ist. Sie schmeckt süsslich herb und wässerig frisch.

Ein rhythmisches Geräusch weckt meine Aufmerksamkeit. Im Wald oberhalb der Reisterrassen befindet sich eine Handsägerei. Dicke Stämme werden zu Brettern gesägt. Dazu liegt der Stamm auf einer erhöhten Arbeitsbühne. Das Sägeblatt ist etwa zwei Meter lang und hat Griffe auf beiden Seiten. Der eine Mann steht oben auf dem Stamm, der andere unter der Bretterbühne am Boden. Das Sägeblatt wird in regelmässigem Rhythmus nach unten und oben gezogen. Der Mann, der auf dem Baumstamm steht, bewegt sich schrittweise rückwärts. Das Zusammenspiel der beiden Männer hat etwas Graziöses. Die Fussstellung des oberen Mannes erinnert an die eines Tänzers. Bhila redet mit ihm, erhält Erklärungen zu den Holzsorten und Marktpreisen. Wir verabschieden uns mit «Danyebat», was bedeutet, dass die Schreiner Nepali sind.

Die gestern auf der langen Autofahrt eingeübten Wörter kommen nun zur Anwendung. Treffen wir auf Nepali, grüsse ich mit «Namasté» und bedanke mich mit «Danyebat». «Namasté» heisst soviel wie «ich verneige mich vor dir». Dazu gehört auch die entsprechende Geste. Man legt die Handflächen vor dem Gesicht zusammen und führt eine kleine Verbeugung aus, oftmals nur angedeutet. Es fällt mir leicht, mich an diese Art der Begrüssung zu gewöhnen, und ich löse damit oft ein überraschtes und wohlwollendes Lächeln aus.

Da wir bald das Bhutia-Dorf erreichen werden, übe ich noch einmal «Kususangpo» als Gruss und «Tutschi La» als Dankeschön, bei den Lepchas heisst es dann «Kamri» und «Doctschi», «Agap, agap doctschi» heisst «vielen, vielen Dank». Das hat mir Dawa heute beim Frühstück beigebracht. Die Paare richtig zusammenzubringen, verlangt etwas Geistesgegenwart.

Bhila hat mir gestern erklärt, dass man mit dem passenden Gruss die Menschen erfreue und dass es ihn stolz mache, wenn die Einheimischen fänden, er sei mit einer kultivierten Touristin unterwegs.

Eine solche Touristin bin ich allzu gern! Meine Schwierigkeit ist einfach, dass ich nicht weiss, wann ich wie grüssen soll, ich sehe es den Menschen nicht an. Lepchas und Bhutias wohnen in den gleichen Gebieten, Nepali gibt es überall.

Immer wieder bleiben wir stehen, beobachten einen Vogel, einen Schmetterling, eine Pflanze. Bhila erzählt mir, dass die Urvölker Bhutia und Lepcha zusammen etwa zwanzig Prozent der Bevölkerung ausmachen, der Rest besteht grösstenteils aus zugewanderten Nepali. Die Urvölker besitzen von alters her Land, was ihnen die Selbstversorgung mit Nahrungsmitteln erleichtert. Zudem gesteht ihnen die indische Regierung gewisse Sonderrechte zu. Sie müssen zum Beispiel keine Steuern zahlen. Sicher geschieht dies nicht ohne Absicht. Wenn es den Menschen gut geht, wandern sie nicht ab. Der flächenmässig zweitkleinste Bundesstaat Indiens, der wie Nepal und Bhutan an China grenzt, ist strategisch wichtig und soll besiedelt bleiben. Die Menschen leben sehr, sehr bescheiden, darum möchte ich nicht von Wohlstand reden, aber eine Verslumung oder Verelendung, wie man sie in vielen Gegenden Indiens antrifft, sehe ich hier nicht. Einzig im Strassenbau trifft man Fremdarbeiter aus Bangladesch, die nicht viel mehr als das Hemd am Leib besitzen. Dass es der Bevölkerung relativ gut geht, dafür spricht auch die hohe Alphabetisierungsrate von 83 Prozent.

Wir kommen nur langsam voran, weil Bhila beim Reden immer stillsteht, eine Gepflogenheit, an die ich mich noch gewöhnen werde. Auf der Anhöhe vor uns befindet sich eine Bhutia-Schule mit Kindergarten. Eine Kindergärtnerin schaut aus dem Fenster. Heute ist nur ein kleines Mädchen von vielleicht drei Jahren anwesend.

Talwärts überholen wir einen Mann, der Ziegen vor sich hertreibt. Bhila wechselt ein paar freundliche Worte mit ihm.

Das Bhutia-Dorf, das wir bald erreichen, besteht aus locker verstreuten Häusern mit Ställen, Gärten und Feldern. Als Sehenswürdigkeit gilt ein historisches Wohnhaus aus Holz, das auf Pfeiler gebaut ist. Eine lange Treppe mit einem Geländer aus Metall, grün und gelb gestrichen, führt zu einem kleinen Kloster hinauf. Zu weit für heute.

An der Strasse unten wartet der weisse Toyota. Ashis steuert uns über eine holperige und rutschige, mit tiefen Rinnen versehene Schlammbahn zentimetergenau an einer grossen Baumaschine vorbei durch Wasserlachen, ja ganze Seen hindurch, hinauf zum Kloster des kleinen Dorfes. Dass ich die einzige Touristin bin, hat mit der abenteuerlichen Strasse zu tun, die «Under Construction» ist. – Ashis hat Mut bewiesen.

Es ist bereits halb eins. Zuerst bestellen wir im kleinen Restaurant etwas zu essen, damit der Wirt Zeit zum Kochen hat, bis wir von der Besichtigung zurückkehren.

Das Kloster ist ein prunkvolles vierstöckiges Bauwerk. Unglaublich, dass ein kleines Dorf ein solch riesiges Kloster besitzt. Und wie schon oft, bin ich gezwungen, einen kulturellen Spagat auszuführen, um zu verstehen oder wenigstens akzeptieren zu können, dass für die Menschen hier zwischen ihrer äusserst bescheidenen Lebensweise und diesem prunkvollen Bau, in dem so viel Arbeit, Geld und Energie steckt, kein Widerspruch besteht. Für mich zeigt sich in diesem Klostergebäude ein Überfluss und Wohlstand, welcher der Bevölkerung fehlt. Ich denke an die unbefestigte Lehmstrasse, die hier hin führt, wie nötig wäre es … Doch das ist eine andere Sache, dafür ist der Staat verantwortlich. Die Klöster finanzieren sich durch die Gläubigen, und das ist praktisch die ganze indigene Bevölkerung.

Zum ersten Mal darf ich in einem Kloster fotografieren, das erstaunt und freut mich gleichzeitig. Im Zeitalter der Smartphones ist gegen die Knipserei wohl kein Kraut mehr gewachsen. Bhila erzählt mir die Inkarnationsgeschichte von Guru Padmasambhava, der in Sikkim und ebenso in Bhutan den höchsten Stellenwert geniesst. Guru Padmasambhava, auch Guru Rinpoche genannt, soll aus einer Lotosblüte geboren worden sein und die übernatürlichen Kräfte aller Buddhas in sich vereinen. Deshalb war es ihm möglich, von Tibet über den Himalaja nach Sikkim zu fliegen und die Dämonen, die in den Bergen und Höhlen hausten, zu vertreiben. Er manifestiert sich in verschiedenen Gestalten. Meistens ist er mit zornigen Augenbrauen abgebildet und dadurch gut zu erkennen. So auch hier in diesem Kloster, wo er zur Rechten des in klassisch meditativer Haltung abgebildeten Buddhas sitzt. Ich muss es definitiv aufgeben, eine Reihenfolge in die Inkarnationen bringen zu wollen. Religionen sind nicht logisch. «Den» Buddha, wie ich ihn für mein besseres Verständnis gern hätte, gibt es hier jedenfalls nicht.

Kaum sitze ich im Restaurant, werden mir Pakoras und Nudelsuppe serviert. Wie immer trinke ich heissen Chai Masala mit viel Zucker. Da ich der einzige Gast bin, hat der Wirt Zeit, sich mit Selfies zu beschäftigen. Er filmt sich und sein Lokal mit der essenden Frau im Hintergrund. Nun ja, hier bin ich die Exotin.

Neben der Ausgangstür steht ein dunkelbrauner Kühlschrank mit einem Poster von Messi in Fussballerpose, links an der Wand hängt ein Plakat mit einer Karikatur, die ich zu verstehen versuche:

Narendra Modi, der Ministerpräsident von Indien, fragt Barack Obama: «How do you manage to grow your country so nicely?» Obama antwortet: «It's because of you Indians ... You give jobs to Reserved Indians and we give jobs to the Deserved Indians.»

«Reserved Indians» heisst Indianer aus den Reservaten und bedeutet in diesem Zusammenhang ungebildete Inder, «Deserved Indians» meint verdiente oder gebildete Inder, solche, die etwas geleistet haben.

Das Restaurant ist auch ein Laden, jedenfalls gibt es Regale, übervoll mit Süssigkeiten und Gebäck. Ein vierjähriger Knirps in Schuluniform stürmt herein, eine ältere Frau hinterher, vielleicht die Grossmutter oder Tante. Er will etwas aus dem Regal haben, etwas ganz Bestimmtes, das er hartnäckig fordert. Die ältere Frau kauft ihm ein kugelförmiges Gebäck, das der Wirt aus einem grossen durchsichtigen Plastiksack nimmt. Es hat die Grösse eines Tennisballs und scheint hart zu sein. Der Junge wird lange daran zu knabbern haben.

Ich bin hin und her gerissen, ob ich fragen soll, was das ist, aber ich fürchte, dann ein solches Ding essen zu müssen. Nein sagen ist schwierig, das habe ich bereits erfahren. Auch mehrmals etwas ablehnen, wird nicht wirklich ernst genommen.

Ein deutsches Touristenpaar weckt meine Neugier und ebenso jene von Grossmutter und Kind. Das Paar lebt seit vier Jahren in Mumbai und erkundet in den Ferien das Land. Ich diskutiere mit ihnen über das Problem des Wechselgeldes. Kleine Geldnoten sind Mangelware. Keiner will damit herausrücken. Anscheinend muss man nur am richtigen Ort die richtige Person fragen, Beziehungen sind wichtig.

Dann fahren wir auf der schmalen, schlammigen Strasse wieder abwärts. Ashis manövriert den Wagen an den für die Belagserneuerung aufgehäuften Steinen vorbei. Nach zwei Stunden erreichen wir das Kloster Rumtek. Die wertvollen Schätze, die sich dort befinden, sind streng bewacht. Ich habe die Wahl zu warten, bis der zuständige Beamte von der Pause zurück ist, oder den Pass abzugeben. Nach einem flüchtigen Gedanken an ein mögliches Risiko und dem Blickwechsel mit Bhila, hinterlasse ich vertrauensvoll den Pass.

Auf dem Platz vor dem Kloster findet eine Zeremonie für eine Gruppe Donatoren aus Südkorea statt. Opfergaben werden zu einem schwelenden Feuer in der Mitte des Platzes gebracht. Im überdachten Vorbau sitzen die Mönche, rezitieren ihre meditativen Gebete und spielen Instrumente. Die Touristen fotografieren mit Vorliebe die rasierten Köpfchen der kleinsten Mönche. Dazu müssen sie trotz der grossen Objektive ganz nah an das Geschehen herangehen.

Im Innern des Klosters zeigt mir Bhila den goldenen Buddha mit dem wertvollen schweren, schwarzen Hut. Es gibt eine Legende, die erzählt, dass dieser Karmapa fliegen kann und nur durch das Gewicht des Hutes unten bleibt. Dieser Hut soll mit Edelsteinen gefüllt sein, darum ist er so wertvoll. Ein Foto zeigt den 16. Karmapa, dessen Geschichte mir Bhila erzählt. Ein Karmapa ist … Wenn ich das erklären könnte!

Im tibetischen Vajrayana Buddhismus, der hier verbreitet ist, gibt es fünf wichtige Lehren oder Schulen / Orden, die im Lauf der Zeit entstanden sind. Diese Lehren haben verschiedene Inkarnationsreihen. Der Karmapa gehört zum Beispiel dem Schwarzhut-Orden an.

Zurück im Hotel sehe ich anhand des GPS-Tracks, den ich aufgezeichnet habe, dass die heutige Strecke nur etwa 35 km betragen hat, obwohl wir von 9 bis 16 Uhr unterwegs gewesen sind. Wettermässig ein bisher schöner, sonniger Tag mit angenehmer Temperatur und etwas Bewölkung am Nachmittag, doch nun regnet es.

Um 18 Uhr sitze ich wieder am Feuer, lese, schreibe und trinke Pfefferminztee. Ich fühle mich wohl, alle sind freundlich und aufmerksam. Heute ist ein Zweiertisch für mich gedeckt. Am grossen runden Tisch in der Raummitte sitzen drei neue Gäste. Um 19 Uhr wird uns Reis mit allerlei Beilagen serviert.

Als ich die Treppe zu meinem Zimmer hochgehe, sehe ich an der Wand eine gerahmte Landkarte und schaue sie genauer an. Es ist eine topografische Karte, wie ich sie hier nicht erwartet hätte. Auf einem Kleber heisst es, dass man sie kaufen könne. Ja, eine solche Karte möchte ich haben. Glücklicherweise gibt es noch ein Exemplar. Im Zimmer entfalte ich sie und versuche Rumtek zu finden. Das Licht ist zu schwach. Die engen Höhenkurven machen das Lesen extrem schwierig oder eher: weil es bei dieser Topografie so viele enge Höhenlinien braucht, ist die Karte schwierig zu lesen. Erst jetzt wird mir klar, wie gebirgig und zerklüftet das Land ist. Zu meiner Überraschung sehe ich, dass die 1:150 000er Karte von der Schweizerischen Stiftung für Alpine Forschung 2006 herausgegeben worden ist.

Spaziergang zum Bhutia-Dorf

Lunch mit Modi, Obama und Messi

City-Tour in Gangtok

Eine lange und ruhige Nacht liegt hinter mir. Ich stehe auf und schalte den kleinen Heizlüfter ein. Kein Strom! Das bedeutet kein heisses Wasser aus dem Boiler und somit keine Dusche. Ich schlüpfe noch einmal unter die warme Decke. Um 7.30 Uhr beginnt der Heizlüfter leise zu surren.

Das Wetter ist wie gestern, Sonne und Wolken in kurzem Wechsel. Die ganze Nacht hindurch hat es kräftig geregnet, entsprechend dunstig ist die Luft.

Zum Frühstück gibt es «Local Porridge», ein interessanter Brei mit Nüssen und einigen Weinbeeren. «Semolina» lautet die Übersetzung, die mir Dawa aus der Küche übermittelt. Der leicht gesüsste Griessbrei weckt Kindheitserinnerungen. Danach gibt's Toast und Butter. Die Konfitüre entpuppt sich als industrielles Vielfruchtprodukt.

Nach einem ausgedehnten Spaziergang durch den Garten, der mich ebenso begeistert wie gestern, treffe ich auf die drei Deutschen, die etwas später aufgestanden sind und heute den Spaziergang ins Bhutia-Dorf unternehmen wollen.

Um 9.30 Uhr wartet Ashis neben seinem frisch gewaschenen Auto. Sogar die Fussmatten sind gereinigt worden und noch leicht feucht. Das wird nun jeden Tag so sein, ein sauberes Auto zeichnet einen pflichtbewussten Fahrer aus. Ich merke, dass sich Ashis über meine Wahrnehmung freut. Trotz seiner Zurückhaltung kann er den Stolz nicht ganz verbergen.

Die Strasse nach Gangtok ist holperig und die Geschwindigkeit beläuft sich, wenn's hochkommt, auf 40 km/h. Die Stadt liegt am Hang. Es gibt in diesem Land nichts anderes als Bergrippen und Hänge, die einzige horizontale Fläche, sagt mir Bhila, sei der Fussballplatz in Gangtok.

Das berühmte Namygal Institut für Tibetologie befindet sich ganz oben auf dem langgestreckten Bergrücken. Zuerst besuchen wir das zugehörige Kloster, umrunden den Stupa, der hier in Sikkim Chörten genannt wird, und stossen die 108 Gebetsmühlen an. Bhila erwartet das so selbstverständlich von mir, dass ich nicht zögere und hinter ihm hergehe. Nicht alle Besucher verhalten sich konform, es gibt indische Touristen, die nicht wissen, dass man einen Chörten im Uhrzeigersinn umrundet. Bhila macht sie darauf aufmerksam, was sie anstandslos akzeptieren. In einem kleinen Nebengebäude mit Fensterfronten flackern hunderte von Butterlämpchen. Ich fotografiere die Gebetsmühlen durch das doppelte Glas hindurch, was mit den Spiegelungen und den Topfpflanzen im Vordergrund einen interessanten Effekt gibt.

Schuhe ausziehen, das gehört dazu, wenn man einen Tempel besucht. Entweder lässt man sie auf der Treppe stehen oder reiht sie in ein Regal. Es kommt ein bisschen darauf an, wie viele Besucher unterwegs sind.

Der prächtige Buddha ist zu gross für die Raumhöhe, so wurde für seinen Kopf die Decke etwas ausgehöhlt. Er gehört zum Nyingma-Orden, was sein roter Hut anzeigt. Rechts von ihm sitzt Guru Padmasambhava, den ich an den zornigen Augenbrauen erkenne. Wiederum darf ich fotografieren. Ich bin so fasziniert von den kunstvollen bunten Wachsskulpturen, den Gottheiten, Symbolen, Ornamenten, den Figuren und Figürchen, die ich bereits in so vielen Tempeln bewundert habe und nun endlich einmal fotografieren darf, dass mein Eifer wohl den Unmut des anwesenden Mönchs erregt hat. Plötzlich ist Fotografieren verboten. Ich akzeptiere es. Diese Überfülle von buntem, kunstvollem Zierwerk, das in unzähligen Stunden hingebungsvoller Arbeit geschaffen wurde – nicht für die Ewigkeit, nicht für ein Museum, für keinen bestimmten Zweck ausser der meditativen Tätigkeit – lässt mich einfach staunen. Diese Kunstwerke werden laufend ersetzt durch neue, nichts bleibt, alles ist vergänglich. In Bhutan werden diese Figuren noch aus einer Buttermasse geformt, hier hat sich immerhin das haltbarere Wachs durchgesetzt.

Erst zu Hause beim Sortieren der Bilder realisiere ich, was den Mönch verärgert hat. Er muss meine Begeisterung für die Wachsfigürchen, die teilweise Szenen der Vereinigung zeigen, falsch interpretiert haben.

Was ich nicht fotografieren konnte, sind die Geldscheine, auch Schweizerfranken, die unter der Glasplatte liegen, auf der das Bildnis des Dodrup Rinpoche steht. Er musste Tibet 1957 verlassen und hat Gangtok als Domizil gewählt. Er ist ein verehrter und wichtiger Lehrmeister. (Ein Rinpoche ist ein Wiedergeborener.)

Ich möchte die einzelnen Rinpoches unterscheiden können. Aber das scheint unwichtig zu sein. Jeder Orden hat seine eigenen Inkarnationsreihen. So suche ich nach Vergleichen im Christentum, mit Jesus, den Jüngern, den Heiligen im Katholizismus. Bhila erzählt mir, dass Dodrup aufgebrochener Stein heisst. Der Rinpoche soll aus einem aufgesprungenen Stein geboren worden sein. Inkarnationen werden oft von Jungfrauen geboren, eine Parallele zu unserem Jesus.

Gestern habe ich mit Bhila eine Skizze gezeichnet, die mir einen Überblick verschafft:

Der erste Buddha, dessen Geschichte Hermann Hesse beschrieben hat und den wir im Westen kennen, wird vor allem in Thailand verehrt und gehört zum Hinayana Buddhismus. Der zweite Buddha, Guru Padmasambhava, wird in Sikkim, Bhutan, Tibet und Nepal verehrt. Er gehört zum Mahayana Buddhismus. Wichtige Orden sind hier:

Nyingma (Rothüte), z. B. Padmasambhava/Dodrup

Kagyü (Schwarzhüte), z. B. Karmapa

Gelug (Gelbhüte), z. B. Dalai Lama

Die Beispiele der jeweiligen Vertreter der Orden (auch Lehren, Schulen oder Sekten genannt) stammen nicht von Bhila sondern von mir und meinem Wunsch nach Überblick.

Das Museum, das wir anschliessend besuchen, beherbergt die grösste Sammlung tibetischer Kunst- und Kultgegenstände. Ikonen, Schriften, Instrumente, Wandteppiche und viele andere Schätze sind hier ausgestellt.

Das Kunsthandwerkszentrum gehört ebenfalls zum heutigen Programm, aber zuerst trinken wir unterwegs zum Parkplatz, wo Ashis auf uns wartet, einen Tee zur Stärkung.

Der Eingang des Zentrums führt durch einen Markt, wo allerlei kunsthandwerkliche Waren verkauft werden. Kleider, Stoffe, Taschen und Holzartikel stapeln sich auf den Tischen. Frauen und Männer preisen ihre Waren an, ohne aufdringlich zu sein. Im angrenzenden Gebäude befinden sich die Werkstätten, die auch der Ausbildung dienen. Wolle wird gefärbt, an grossen Webstühlen entstehen Stoffe in traditionellen Streifenmustern, Männer schnitzen Ornamente in Holzpanelen, andere bemalen sie kunstvoll in knalligen Farben. Frauen knüpfen Teppiche, hantieren mit Hammer und riesigen Scheren. Am längsten verweile ich in der Papierproduktion, wo aus alten Zeitungen handgeschöpfte Papierbogen entstehen, die zu Aktenmappen verarbeitet von der Regierung im ganzen Land verwendet werden.

Im Laden, wo es die hergestellten Waren zu kaufen gibt, lasse ich mir ein paar handgewobene Umhängetaschen zeigen, wie sie die Lepcha-Frauen tragen. Im Vergleich zur lebendigen Markt-Atmosphäre im Eingangsbereich herrscht hier Staatsbetriebs-Siesta-Stimmung. Ich merke deutlich, dass ich die angenehme Ruhe störe.

Es ist bereits 13.30 Uhr, und plötzlich bin ich sehr hungrig. So gerate ich in die kleine Kantine, in der Leute essen können, die hier arbeiten. Eine Küchen-Theke und drei Tische, insgesamt etwa zwanzig Plätze. Bhila bestellt mir Paratha und eine halbe

Portion Momos. Ich weiss nicht, ob es hier noch anderes gibt. Speisekarten erhält man nur in Touristenlokalen. So bin ich abhängig von Bhilas Beratung. Er tut sein Bestes. Der Teig wird frisch ausgewallt, soviel kann ich von meinem Platz aus sehen. Im Nu steht der Teller vor mir. Der ältere Mann vom Nachbartisch schaut mich unverblümt an und fragt mich etwas. Die Unterhaltung harzt, ich verstehe ihn nicht und er mich offensichtlich auch nicht. Ich bin unsicher, wie ich mich verhalten soll, da ich den Mann und sein Benehmen nicht einschätzen kann. Ein schräger Vogel? Benimmt er sich respektlos oder freut er sich, dass endlich einmal eine Touristin in diesem kleinen Lokal auftaucht?

Bhila hat sich verzogen. Von ihm kann ich keine Schützenhilfe erwarten. Mittlerweile haben weitere Männer im Lokal Platz genommen. Zwei junge Frauen treten ein und setzen sich zum schrägen Vogel. Sie reden über mich, das merke ich, und nun übersetzt die eine Frau seine Fragen. Er will wissen, woher ich komme. Er hat schon einmal jemanden aus der Schweiz kennengelernt, aus Genf, und er sagt, dass es dort einen See gebe, von dessen Ufer man nach Deutschland hinüber schauen könne. Nun muss ich lachen. Der Mann sagt, er sei der Vater der jüngeren der beiden Frauen. Ich weiss nicht, ob ich das glauben soll, ob das ein Scherz ist, vielleicht eine Art mit den Frauen zu schäkern. Doch, doch, behauptet er, aber nicht in diesem Leben. Das finden nun alle lustig. Die jüngere Frau, die hier ist, weil sie auf dem Markt Waren verkauft, erklärt mir, dass der Mann behaupte, sie sehe aus wie seine Tochter, also muss sie es einmal gewesen sein, früher, das heisst in einem anderen Leben. Ich glaube, ich verstehe, dass es eine Art spassiger Unterhaltung ist, ein Scherzen und Necken. Die Stimmung ist entspannt. Ich wäre gern noch etwas geblieben. Doch die Orchideenausstellung ruft. Sie steht als nächstes auf unserem Programm.

Sikkim ist berühmt für seine mehr als 600 Sorten wildwachsender Orchideen, 250 davon sind in dieser Ausstellung zu bewundern. Indische Reisegruppen und Familien mit

Kindern vergnügen sich in dem mit Wasserläufen und Brücken gestalteten Treibhaus. Nicht umsonst sind Schilder aufgestellt, die das Pflücken von Blumen verbieten. Kleine Kinder greifen schon mal ins Grüne. Das Geschrei, das ausbricht, wenn sie unsanft weggezerrt werden, unterscheidet sich nicht von dem unserer Kinder.

Der Spaziergang stadtabwärts führt uns zu einer breiten, gepflegten Fussgängerzone, der MG-Marg. Ein grosses Plakat mit dem Porträt von Mahatma Gandhi hängt über der Strasse, daher der Name. Bhila trifft eine Cousine und so bleibt mir Zeit, alles genau anzuschauen. Zu beiden Seiten der belebten Fussgängerzone reihen sich bis zu fünfstöckige Gebäude in allen Farben aneinander, Verkaufs- und Imbissläden, Banken und Geschäftshäuser. In der Strassenmitte stehen grosse Kübel mit allerlei Grünpflanzen, dazwischen Sitzbänke, die gut besetzt sind. Papierkörbe sind aufgestellt. Menschen stehen herum, spazieren oder eilen zielstrebig in die eine oder andere Richtung. Sie tragen Einkaufstaschen oder Arbeitsmappen mit sich. Am Boden sind quadratische graue und rote Steinplatten verlegt, die ein Linienmuster bilden. Freundlich und sauber. Auch ein grosser, schattenspendender Baum fehlt nicht.

Später bummeln wir durch den Markt, zuerst durch den kleineren mit biologischem Gemüse, der sich ausserhalb des grossen Lal-Bazars befindet.

Innerhalb des mehrstöckigen Gebäudes herrscht ein reges Treiben, es türmen sich Gemüse, Kleider, Haushaltgeräte, alles was man so zum Leben braucht. Ich halte mich dicht an Bhila, um ihn im Getümmel von Waren und Menschen nicht zu verlieren. Er verspricht mir eine Zwischenmalzeit, Kugeln, die mit Zitronensaft gefüllt werden und bei Schülern sehr beliebt sind. Am Stand des besten Anbieters bestellt er eine Portion. Der Verkäufer nimmt eine Kugel in die Hand, ein hohles Gebäck von der Grösse eines Pingpong Balls aus ganz dünnem Teig, und drückt oben mit dem Damen ein Loch hinein. Danach nimmt

er mit den Fingerspitzen von der scharf gewürzten Kartoffel-
masse, die in einem Becken bereitsteht, und stopft sie in das
Loch. Ein blaues Plastikfass ist gefüllt mit Zitronensaft. Dort
taucht er die Kugel hinein und reicht sie mir anschliessend. Ich
soll das Bällchen als Ganzes in den Mund schieben, was ich
auch tue. Es schmeckt scharf und zitronig frisch. Die Portion
besteht aus vier Bällchen. Der Mann arbeitet mit Gummihand-
schuhen, vielleicht ist das eher nicht so hygienisch. Es wird mir
ein bisschen komisch, und ich denke, dass ein Bällchen genug
ist für mich. Bhila isst die restlichen. Meine Bedenken wegen
der Hygiene kann er nicht nachvollziehen. Der Verkäufer könne es sich nicht leisten, dass jemand davon krank werde. All
die Schüler, die täglich vorbeikämen … Sein Geschäft wäre im
Eimer.

Nun, ich weiss nicht, ob sich unsere zarten westlichen Mä-
gen mit denen der Schüler von hier vergleichen lassen.

Die Dachterrasse bietet einen schönen Blick auf die Stadt, die
sich über den ganzen Hang ausbreitet. 90 000 Menschen leben
hier. Die mehrstöckigen Häuser mit verschiedenen Arten von
Dächern sind dicht aneinander in den Hang hinein gebaut.
Steile Strassen führen hinauf und hinunter. Ein Erdbeben in
dieser Stadt zu erleben, daran wage ich nicht zu denken, da war
ich gut aufgehoben in meinem kleinen Hotel auf der Anhöhe
in Rumtek.

Auf der Heimfahrt erzählt Ashis die neuesten Nachrichten:
Das Erbeben von gestern wies eine Stärke von 4,5 auf, das Epi-
zentrum lag in Gangtok. Nicht bedrohlich, sagt er. Um sich zu
schützen, sollte man sich an eine Wand stellen. Man dürfe nicht
stürzen und sich niemals auf den Boden legen, sonst könne
man plötzlich gelähmt sein. Das interessiert mich, doch Ashis
kann es mir nicht besser erklären. Das sei einfach so.

Das Beben, das Sikkim 2011 erschüttert habe, sei viel schwerer gewesen, Stärke 7. Es sei um die Mittagszeit passiert und
bis nach Delhi spürbar gewesen. Die Menschen seien schreiend

auf die Strasse gerannt, hätten alle denkbaren Gottheiten angerufen. Überall eingestürzte Häuser und Erdrutsche. Es habe viele Tote gegeben. Gangtok sei zwei Tage lang von der Umwelt abgeschnitten gewesen. Auch Bhila weiss davon zu berichten. Der Wiederaufbau sei nur schleppend vorangekommen, genau wie in Nepal, das noch immer unter den Schäden von 2015 leide.

Irgendwann später fällt die Bemerkung, dass ein Erdbeben von Zeit zu Zeit nötig sei, um die Staatskassen zu füllen. Manchmal ist Sarkasmus der einzige Weg, um die Wahrheit zu sagen. Ich höre Beispiele von Korruption, was hier, wie es mir scheint, zum täglichen Leben gehört und den ganzen Staat lähmt.

Die Geschichten der beiden lösen ein ungläubiges Kopfschütteln aus. Sie zeigen die ganze Ohnmacht solcher Systeme. Willkürliche Engpässe, die nur mit Geschenken durchdrungen werden können. «Wenn einer den Hals nicht voll kriegen kann, ist die Blockade nicht zu überwinden.» Mir fällt das Lebensrad ein, das mir Pema in Bhutan erklärt hat: Es gibt das Paradies, wo jene Menschen leben, die alles haben; es gibt den Ort, wo Menschen arbeiten und trotzdem nie auf einen grünen Zweig kommen, weil andere ernten; es gibt den Untergrund, wo Menschen hungern, weil ihre Hälse zu dünn sind, um schlucken zu können. Im Untergrund wiedergeboren zu werden, drohe den Menschen, die habgierig seien.

Blick vom Dach des Lal-Bazars auf Gangtok

Kunsthandwerkszentrum in Gangtok

Wanderung zum wenig bekannten Rey Monastery

Um 7 Uhr stehe ich auf. Geduscht habe ich gestern. «Was du heute kannst besorgen, das verschiebe nicht auf morgen!» Zuerst kam gar kein Wasser, dann nur kochend heisses, beide Male musste ich mich wieder anziehen und nach unten gehen. Zuerst war die Zisterne leer, die Zufuhr musste auf den zweiten Tank umgestellt werden, nachher lag der Fehler bei mir, weil die Armaturen verkehrt herum funktionieren. Recht anspruchsvoll!

Die Wolken verschieben sich schnell. Zur Frühstückszeit verdecken sie die Sonne. Es ist kühler als gestern und regnerisch. Nun weiss ich auch, warum der grosse Schirm über dem Gartentisch immer aufgespannt bleibt. Er schützt nicht nur vor Sonne sondern auch vor Regen.

Heute esse ich drinnen. Paratha, ein in Butter geröstetes Fladenbrot gefüllt mit einer gut gewürzten Mischung aus Kartoffeln, Zwiebeln und Koriander, schmeckt herrlich, der Genuss belebt mich. Ich bin bereit für den Wandertag.

Unser Alternativprogramm beginnt etwas später, weil Bhila abwarten und schauen will, wie sich das Wetter entwickelt. Eigentlich wäre für heute der Tsomgo Bergsee, der an der tibetischen (chinesischen) Grenze auf einer Höhe von 3800 m ü. M. liegt, geplant gewesen. Von dort hätten wir noch etwas höher auf 4000 m ü. M. steigen können. Doch leider werden für Einzelpersonen keine Bewilligungen ausgestellt. Zudem hat es in der Nacht geschneit und die Zufahrtsstrasse ist geschlossen. Es wäre so oder so nichts daraus geworden.

Um 9.30 Uhr stehe ich mit Regenschirm und Tagesrucksack bereit. Unser Ziel ist das Rey Monastery, das wir vorgestern auf unserer Wanderung aus der Ferne gesehen haben. Das Kloster, dessen goldenes Dach weitherum sichtbar ist, sitzt auf einer Bergrippe. Dawa Lepcha, der junge Mann im Hotel, kommt von dort. Er freut sich, dass wir seinen Ort besuchen, und schreibt mir den Namen auf: «Rey Caten Monastery in Mindu Bustay».

Pema, die lokale Vertreterin der Reiseorganisation, die ins Hotel gekommen ist, weil der Ausflug zum Tsomgo See abgesagt werden musste, hat mich darauf aufmerksam gemacht, dass das Rey Monastery nichts Besonderes sei. Das beeindruckt mich nicht gross. Ich freue mich auf die Wanderung, und Bhila freut sich ebenfalls, dieses Kloster endlich einmal besuchen zu können.

Wir gehen wie vorgestern, jedoch nicht auf der genau gleichen Strecke durch den Wald, über die Felder, an den Siedlungen vorbei bis hinauf zum Kindergarten. Danach erkenne ich die Stelle, wo die Ziegen unseren Weg gequert haben, später höre ich die Geräusche der Sägerei. Es zwickt mich am Bein. Als ich kratze, spüre ich etwas Weiches und ziehe das Hosenbein hoch. Mein erster Blutegel hängt an der Wade. Er hat sich noch nicht richtig festgesaugt und lässt sich leicht ablösen. Ich habe nicht damit gerechnet und eigentlich erwartet, dass nur Bhila davon befallen wird, weil er Turnschuhe trägt und seine Socken nicht über die Knöchel reichen. Anscheinend können Blutegel über Wanderschuhe und Sockenwülste kriechen. Sie lauern im feuchten Gras oder niederen Gebüsch, bis ein Leckerbissen daherkommt, fallen ihn an, beissen und geben ein Sekret in die Wunde, das die Blutgerinnung verhindert, saugen sich voll und fallen ab. Einen Leech, wie er auf Englisch heisst, am Bein zu haben, ist ein komisches Gefühl. Will man ihn abnehmen, merkt man, dass er wie mit einem Saugnäpflein haftet.

Es ist ein dunkelbraunes etwa 1,5 cm langes schneckenartiges Tier. Zur Sicherheit stopfe ich die Hosenbeine in die Socken.

Ein guter und schöner Fussweg, versehen mit einem robusten Geländer, führt zum Kloster hinauf. Das geschmiedete Ornament zwischen den Stäben ist gelb gestrichen, das Geländer grün. Ich habe diese Art von Verzierung schon ein paarmal gesehen oder anders gesagt, die Geländer hier sehen alle so aus. Wie wenn sie von derselben Firma hergestellt oder staatlich verordnet worden wären. Wie ich später erfahre, ist das Ornament ein religiöses Symbol. Die Linie hat keinen Anfang und kein Ende: Endless Knot.

Wie gewohnt bleiben wir immer wieder stehen. Ich frage nicht mehr, wie lange es dauert, bis wir dort sind. Ich weiss, dass wir den ganzen Tag zur Verfügung haben. Das ist eigentlich schön. Ich habe Zeit zum Fragen und Bhila hat Zeit zum Erzählen.

Bhilas Familie lebt in Yuksam, der einstigen Hauptstadt des ehemaligen Königreichs. Sein Vater ist früh gestorben, er kann sich nicht an ihn erinnern. Die wichtigste Rolle in seinem Leben spielte der Grossvater. Oft nahm er den kleinen Bhila zum Jagen mit in den «Jungle». Der Hund spürte das Wild auf, sie rannten hinter ihm her, das musste blitzschnell gehen, der Grossvater spannte den Bogen und schoss. Er traf immer beim ersten Mal. Sie erlegten alle Arten von Tieren, auch Vögel. So verbrachten sie viele Tage zusammen. Eine schöne Zeit.

Der Grossvater muss ein beeindruckender Mann gewesen sein, klein von Statur, wie es die Menschen hier sind, jedoch stark und der beste Schütze weit und breit. Er hat seine Frau bei einem Schiesswettbewerb gewonnen.

Meine Neugier ist geweckt. Damit ich die Zusammenhänge verstehen kann, will mir Bhila etwas über sein Volk erzählen. Zuerst soll ich erfahren, wie die Volksgruppe der Bhutia überhaupt von Tibet nach Sikkim gekommen ist.

Im 8. Jahrhundert sagte Guru Padmasambhava voraus, dass Tibet in ferner Zukunft von den Chinesen besetzt sein würde. Er empfahl den Menschen, sich vorzubereiten und nach Sikkim und Bhutan auszuwandern. Doch man glaubte ihm nicht. Es entstand ein Konflikt zwischen den zwei führenden Schulen, dem Rothut-Orden, welchem Guru Padmasambhava angehörte, und dem Gelbhut-Orden. Man vertrieb den Propheten, und mit ihm verliessen auch seine Anhänger das Land. Sie siedelten sich auf der anderen Seite des Himalajas an.

Bhila glaubt, dass seine Vorfahren auf diese Weise nach Sikkim gekommen sind.

Sein Grossvater hatte zwei Brüder. Einer davon war ein Tiku, ein verehrter Meister, jedoch kein Wiedergeborener wie ein Rinpoche, und somit eine Hierarchiestufe tiefer als dieser. Man hielt ihn für verrückt, weil er zu viele Bücher gelesen hatte. Dieser Tiku kannte alle Gebete, die es im Buddhismus gab, er konnte sie blind lesen ohne einen einzigen Fehler. Weil er so ausserordentlich gescheit war, wurde ihm im Palast-Kloster in Gangtok der oberste Ehrenplatz zuteil.

Ein anderer Bruder ging 1942 zur Armee und kämpfte im zweiten Weltkrieg für die britische Kolonialmacht in Singapur gegen Deutschland und Japan. Er kehrte nie zurück. Seine Tochter lebt heute in Gangtok.

Bhilas Grossvater hiess Singhi Tempa und war der jüngste der Brüder. Er arbeitete als Verwalter für einen Landlord und wurde dabei ziemlich reich. Mit «reich» meint Bhila, dass er Tiere besass und genug zu essen hatte. Der Grossvater ging sein Leben lang barfuss, auch im Schnee. Er besass keine Schuhe und hätte sich geweigert, welche anzuziehen. Da es für die Menschen in Yuksam kein Salz, Reis oder Kerosin gab, bezahlte der Grossvater die Löhne in Naturalien. Er besass viele Yaks und Schafe. Ein Nepali arbeitete als Hirte für ihn, und hier flicht Bhila eine besondere Geschichte ein: Jedes Jahr zog der Grossvater mit den Schafen und Yaks für zwei Monate in die Berge und kehrte mit einer grossen Ladung an Vorräten zurück. Die

Yaks dienten zum Transport der Waren. Einmal passierte es, dass der Hirte, der die Schafherde heimwärts treiben sollte, mit den 300 Tieren über die Grenze nach Nepal abzweigte. Er wurde nie mehr gesehen.

Bhilas Grossmutter stammte aus Tibet, und nun endlich folgt die Geschichte, die mich so besonders interessiert.

Einmal, als junger Mann, zog der Grossvater mit seiner Tierherde nach Tibet, wo ein Festival stattfand. Göttermasken wurden hergestellt. Eine wurde als Ziel bestimmt. Der Grossvater nahm den feinsten Bogen, spannte ihn und schoss. Er gewann die Grossmutter und ein Stück Gold dazu. Sie war zehn Jahre älter als er.

Meine Frage, ob es normal sei, eine ältere Frau zu heiraten, quittiert Bhila mit einem trockenen Lachen.

«Er gewann sie, und somit wurde sie seine Frau. So war es damals. Man kannte keine Liebe und solche Sachen. Ein Mann brauchte eine Frau aus Existenzgründen. Auch umgekehrt. Man heiratete und blieb zusammen. Es gab nichts anderes zu jener Zeit.»

Wir begegnen einem Bauern, der mit zwei Büffeln pflügt. Furche um Furche. Noch einmal führt uns eine Treppe mit dem bekannten Endless Knot-Geländer aufwärts. An einem Strauch pflückt Bhila reife Physalis, die sehr gut schmecken. Endlich sind wir oben auf dem Hügel angelangt. Ashis spaziert uns entgegen. Dass es eine Fahrstrasse gibt, habe ich nicht gewusst. Er lacht verschmitzt.

Neben dem Kloster befindet sich ein Anbau mit Flachdach, dort oben geniessen wir die weite Aussicht. Es regnet nicht, die Luft ist jedoch dunstig und der Himmel wolkig. Aus einer Kartonschachtel, die uns das «Bamboo Retreat» mitgegeben hat, essen wir unseren Lunch. Sandwiches auf englische Art, gekochte Eier und zwei Orangen.

Im einfachen aber würdigen Kloster ist fotografieren erlaubt. Als Bhila mit seinem Smartphone abdrücken will, ist sein

Bildschirm plötzlich schwarz. Nichts geht mehr. Er nimmt die Batterie heraus, setzt sie wieder ein. Es bleibt schwarz.

Die Mönche versammeln sich zum Nachmittagsgebet. Diese Zeremonie ist ein besonderes Erlebnis, die Gebete, die Trompeten, Trommeln und Raspeln erzeugen eine tranceartige Stimmung.

Danach führt uns ein älterer Mönch in einen Raum, der sich etwas entfernt vom Hauptgebäude befindet. Bhila macht Niederwerfungen und drückt seine Stirn an verschiedene Gegenstände. Er ist sehr glücklich, dass er hier sein darf. Kaum sind wir draussen, funktioniert sein Smartphone wieder. Er deutet es so: Der Ausfall hat ihn davor bewahrt, im Tempel zu fotografieren, denn eigentlich sollte man das als Buddhist nicht tun. Dass es keinen Zufall gibt, davon ist er überzeugt.

Später benütze ich die blitzblanke Gäste-Toilette, die sich ein paar Meter hangabwärts befindet. Ein paar junge Kloster-Schüler kommen mir entgegen, einer führt einen verspielten jungen Hund an der Leine, der die allgemeine Aufmerksamkeit und Zuneigung geniesst. Emotionale Bedürfnisse auch hier.

Ashis muss allein zurückfahren. Mir gefällt es, zu Fuss unterwegs zu sein. Es ist erfrischend, entspannend und sehr interessant. Nun erzählt mir Bhila von sich.

Er wuchs in Yuksam auf, besuchte dort fünf Jahre die lokale Schule, bestand die Prüfung für die weiterführende Stufe und besuchte bis zur zwölften Klasse ein Internat, was ihm vom Staat mit einem Stipendium ermöglicht wurde. Danach studierte er Informatik in Chennai an Indiens Ostküste.

Mich interessiert, wie er dort, so weit fort von zu Hause, gelebt hat. Wie ein Ausländer im eigenen Land?

Bhutia und Lepcha sehen aus wie Tibeter. So kam es nicht selten vor, dass ihn Südinder für einen Touristen hielten, oft für einen Chinesen oder Mongolen.

In einem Studentenheim zu leben, konnte er sich nicht leisten. Sie hausten zu fünft in einem Zimmer, kochten und assen auch dort. Nachts arbeitete er sechs Stunden für ein Call-Center. Nach dem Bachelor fehlte ihm die Kraft, um weiterzumachen, er wog nur noch 35 kg. Obwohl er klein ist, kann ich mir das fast nicht vorstellen. Der Master fehlt ihm nun, wenn ich das richtig verstehe.

Zurück in Sikkim suchte er eine Stelle beim Staat. Das ist es, was alle wollen, was auch seine Familie wollte. Sie hat das Sagen, Selbstbestimmung, wie wir uns das vorstellen, hat hier keinen Platz. Beim Staat ist man gut versorgt und kann ewig bleiben. Bei jeder Bewerbung kam er in die ersten Ränge und wurde dann doch nicht genommen. Er glaubt, dass es die fehlenden Beziehungen waren.

Einmal rief ihn ein Studienkollege an, der in Dubai einen Job gefunden hatte. Bei dieser Firma gab es eine freie Stelle. Bhila bewarb sich und bekam grünes Licht. Alles schien in Ordnung, die Familie war einverstanden, dass er nach Dubai reisen sollte. Doch zuerst musste er, da er noch nie im Ausland gewesen war, einen Reisepass beantragen. Um diesen zu organisieren, blieb ihm ein Monat Zeit. Er weibelte von Amt zu Amt, überreichte Geschenke, wie das so üblich ist. Nach Ablauf des Monats, wurde der zukünftige Arbeitgeber ungeduldig. Er verlängerte die Frist. Doch auch diese Zeit reichte nicht aus, um den Reisepass zu bekommen, so wurde die Stelle anders vergeben. So viel zur Effizienz der Behörden.

Ein andermal, so erzählt er mir, bewarb er sich als Polizist. Bei der Prüfung gehörte er wie so oft zu den Besten. Auch von der Körpergrösse her passte er ins Anforderungsprofil. Doch die letzte Entscheidungshilfe oder das Zünglein an der Waage sei immer das Geld. Das kenne ich ebenfalls aus den Schilderungen meiner indischen Freundinnen. Geschenke beleben den Prozess. Aber wenn es nicht reicht, was schwierig einzuschätzen ist, geht alles verloren. Eine verflixte Sache.

Dann endlich klappte es. Eine Bürostelle bei der Regierung in Gangtok. Doch die 10 000 Rupien, die er verdiente, reichten nicht aus, um in der Stadt zu leben und auch noch die Familie zu unterstützen, wie es die Tradition verlangt. «Wenn man einmal Chef ist», sagt er, «dann verbessert sich die Lage, aber so lange durchzuhalten ist schwierig. Die Chefs kommen um halb elf und gehen am Mittag wieder. Sie lassen arbeiten, das ist normal.»

Es geht mir vieles durch den Kopf, als er mir das erzählt. Vielleicht hat er zu hohe Erwartungen, zu wenig Durchhaltevermögen, doch wenn ich an die Bedingungen denke, unter denen er sein Studium absolviert hat, kann ich mir das nicht vorstellen. Dass der Staat Wert auf eine gute Ausbildung der jungen Leute legt, scheint klar zu sein. Ohne Stipendium wäre Bhilas Studium nicht möglich gewesen. Aber warum gibt es keine adäquate Arbeit für die qualifizierten jungen Leute?

Nach diesem Misserfolg beschloss er, bei seinem Bruder einzusteigen, der sich als Travel Agent gerade selbständig gemacht hatte. So arbeitet er nun als Guide, eine Arbeit, die er sehr gerne macht und, wie ich finde, ausgesprochen gut.

Bhila hat Zukunftspläne. Er ist sicher, dass es ihm gelingen wird, ein eigenes Geschäft aufzubauen. Selbständigkeit ist der einzige Weg, sich die Zukunft zu gestalten. Das hat auch der Staat erkannt und bietet entsprechende Ausbildungen an. Ich erinnere mich an die Zeit der Ich-AGs in Deutschland. Oder an Mikrokredite, die von Hilfswerken vergeben werden. Hilfe zur Selbsthilfe ist ein guter Weg. Doch davon wird er mir ein andermal erzählen.

Er spricht verschiedene Sprachen, Englisch, Nepali, Hindi, Bhutia, Lepcha. Deutsch möchte er noch lernen und Italienisch. Ein paar Wörter und Sätze hat er von Touristen aufgeschnappt. Ich empfehle ihm die gratis App Duolingo, damit kann man auf der Grundlage von Englisch fast alle Sprachen der Welt lernen.

Ein weiteres interessantes Thema ist das Familiensystem. Bhila wird als Jüngster einmal für seine Mutter sorgen müssen. Die Menschen leben hier im Vergleich zu anderen Gegenden Indiens gut. Viele besitzen Haus, Land und Tiere, doch immer fehlt es an Bargeld. Ein bisschen wie bei unseren Bauern in der Schweiz. Bargeld ist heutzutage unabdingbar. Der Tauschhandel existiert nur noch am Rand. Immer gibt es jemanden in der grossen Verwandtschaft, der dringend Hilfe benötigt, sei es für das Krankenhaus, die Schule oder wegen eines Schicksalsschlags. So schwindet das Geld, das Bhila als Guide verdient, immer sehr schnell dahin.

Beim Erdbeben von 2011 hat seine Familie durch einen Erdrutsch das Haus verloren. Die Schwester, vierzigjährig, die unverheiratet ist und als Lehrerin arbeitet, hat beim Staat ein Darlehen beantragt und erhalten. Dadurch war es ihr möglich, für die Familie ein neues Haus zu bauen. In diesem Haus leben etwa zehn Personen, der ältere Bruder mit Frau und zwei Kindern, das Mädchen von einer Bekannten und andere ältere Verwandte. Niemand kommt je auf einen grünen Zweig. Es sind zu viele Menschen, die von den kleinen Einkommen abhängig sind.

Bhilas Mutter, in meinem Alter, ist ebenfalls Lehrerin. Sie arbeitet in einem staatlichen Kindergarten, vergleichbar mit einem Hort, wie es sie überall in Sikkim gibt. Die Kinder werden tagsüber beaufsichtigt und bekommen zu essen. Es wird Wert auf eine gesunde Ernährung gelegt. Die Abgabe von Milchprodukten erinnert mich an unsere Pausenmilch von früher. Wenn Bhilas Mutter am Abend heimkehrt, arbeitet sie wie alle Frauen und Männer im eigenen Garten.

Als wir zurück im «Bamboo Retreat» sind, lade ich Ashis und Bhila zum Tee ein. Wir sitzen draussen vor dem Eingang, ich auf der Bank, die Männer auf der Treppe. Ashis ist ein umsichtiger, souveräner Fahrer, aber ich darf ihn, wenn er am Steuer sitzt, nichts fragen, weil er sich dann auf die Antwort konzentriert. Mit den Händen reden ist eine Eigenschaft, die er mit den Italienern teilt.

Nun haben wir Zeit für ein Gespräch. Ashis ist seit zwei Jahren verheiratet. Die Hochzeitsreise hat er noch vor sich. Die Reise soll nach Sri Lanka führen, was mich wundert, doch seine Begründung leuchtet mir ein. Wie viele hier, ist er sehr gläubig, das habe ich bei den Klosterbesuchen gemerkt. Und

Sri Lanka ist für die Geschichte des Buddhismus ein wichtiges Land, es befinden sich bedeutende Heiligtümer dort, die er mit seiner Frau besuchen möchte. Danach wünscht er sich zwei oder drei Kinder.

Bevor er als Fahrer bei Bhilas Bruder anfing, arbeitete er im Kasino in Gangtok. Was er genau machte, weiss ich nicht, auch über seine Ausbildung erfahre ich nichts. Er ist reservierter als Bhila, was auch mich zurückhaltend sein lässt. Auf jeden Fall weiss er viel über Gastronomie und gibt mir ab und zu Kochtipps. Auch über die Zubereitung von Tee, wird er mir auf dieser Reise noch viel erzählen. Er trinkt den Schwarztee am Morgen mit Salz. Wie ich erfahre, ist das üblich hier, und tagsüber mit Pfeffer, was ich noch probieren werde. Chai Masala wird mit Milch getrunken und enthält Gewürze wie Nelken, Kardamom, Ingwer und Zimt.

Doch zurück zu seiner Geschichte: Eines Tages hatte er genug davon, Bücklinge für betrunkene Gäste zu machen. Es ergab sich, dass er für Bhilas Bruder arbeiten konnte. Dazu leaste er den Toyota Innova, dem er Sorge trägt und den er sehr gut pflegt. Er muss noch vier Jahre lang Leasinggebühren bezahlen, danach geht das Auto in seinen Besitz über. Hoffentlich bleibt es trotz der widrigen Strassenverhältnisse fahrtüchtig. Dass auf unseren Schweizer Teppich-Strassen immer mehr SUVs herumfahren, kommt mir im Moment völlig absurd vor. Doch Autos befriedigen bekanntlich verschiedene Bedürfnisse. Hier sieht man viele Jeeps, Marken wie Tata und Mahindra, jedoch ohne Allradantrieb. Die Sammeltaxis sind oft kleine Minivans, die immer gut gefüllt werden.

Wir diskutieren über Fremdarbeiter in den Arabischen Emiraten und über die Horrorstorys, die man in Sikkim ebenso kennt wie bei uns. Der Staat warnt vor privaten Vermittlern, die den Leuten die Pässe abnehmen, bis die immensen Gebühren und Reiseschulden abgearbeitet sind.

«Immer denkt man, es sei anderswo besser. Aber eigentlich ist das Leben in Sikkim gut.» So lautet das Fazit, das die zwei jungen Männer ziehen. Das stimmt mich versöhnlich.

Ich möchte noch wissen, wie es um die Mitgift steht. Diese stellt ja in Indien ein grosses Problem dar und kann Familien mit Mädchen in den Ruin treiben. Bei den Bhutia, erklärt Bhila, sei es gerade umgekehrt, der Mann bezahle ein Brautgeld. Keine Familie gebe ihre Tochter umsonst her. Je wohlhabender die Familie, desto höher der Preis. Die Frau zieht ins Haus des Mannes und betreut dessen Eltern. Konkret erwartet Bhilas Mutter, dass er in absehbarer Zeit heiratet und mit seiner Frau Kinder bekommt. Mein Einwand, dass ja der ältere Bruder mit seiner Familie bereits im Elternhaus lebe, ist nicht von Bedeutung. Diese Aufgabe obliegt dem jüngsten Sohn. Es kann sein, dass der ältere Bruder einmal wegzieht, diese Freiheit steht ihm zu. Je mehr Enkel da sind, desto sicherer sieht die Zukunft aus. Es gibt keine Alternative zu dieser Art der Vorsorge. Zu Zeiten seines Grossvaters, erklärt mir Bhila, konnte es vorkommen, dass sich zwei Brüder eine Frau teilen mussten. Diese Geschichten kenne ich aus Nepal und ebenfalls aus Ladakh.

Danach reden wir über den Wert der Ausbildung, weil ich es bemerkenswert finde, dass ein gewöhnlicher Junge aus Yuksam, diesem bedeutungslos gewordenen Ort im Norden von West-Sikkim, nach Chennai zum Studium geschickt wird. Bhilas Schwester ist Lehrerin, der andere Bruder hat Geologie und Geschichte studiert.

Wie kommt man auf Informatik? Warum legten Bhilas Eltern so grossen Wert auf die Ausbildung?

Das sei die Mutter gewesen. Sie sei die Gescheite in der Familie. Wer welche Ausbildung bekommt, wird im Familienverband entschieden. Die Idee dahinter ist, eine sichere Stelle beim Staat zu erhalten. Bei der Schwester hat es geklappt, beim älteren Bruder halbwegs und bei Bhila ist die Rechnung (noch) nicht aufgegangen. Er ist 28 Jahre alt und hat somit noch Zeit.

Die Deutschen Gäste haben sich Pizza zum Abendessen gewünscht, und so gilt das auch für mich. Eine grosse Sache. Der original gemauerte Pizzaofen wurde bereits am Nachmittag eingefeuert, der Teig geknetet und ruhen gelassen. Ich erhalte ein üppig belegtes, grosszügiges Stück. Der Koch ist stolz auf sein Werk, das gut schmeckt, aber etwas schwer im Magen liegt.

Heute habe ich viel über Traditionen, Gewohnheiten und Lebensart in Sikkim erfahren und mache ein paar Notizen in mein Heft. Dawa bereitet mir wie jeden Abend eine Bettflasche vor, die ich mit nach oben nehme. Es ist 18 °C im Zimmer, gerade recht, um die Füsse etwas zu wärmen. Um 21.30 Uhr fallen mir die Augen zu. Es regnet wie fast jede Nacht.

Rey Monastery

Blick in den Hof eines Bhutia Hauses

Fahrt nach Kewzing

Die Kontrolle über die Wochentage ist mir entglitten. Ich früh-
stücke draussen an der Sonne. Das Wetter wechselt schnell, hat
es doch die ganze Nacht geregnet. Taufrisch könnte man es
jetzt nennen. Die Tropfen an den Blättern glänzen. Ich begnüge
mich mit Getreide-Porridge, wiederum mit Nüssen und etwas
Früchten drin.

Eben habe ich im Hotel meine Extras bezahlt und gemerkt,
dass ich mit meinem Geld haushalten muss. Die Landkarte,
die mir so gut gefallen hat, erweist sich als relativ teuer. Das
hätte ich mir denken können. Topografische Karten gibt es
sonst nirgends. Der Wechselkurs schwankt extrem. Ich habe
am Flughafen in Delhi einen schlechten Tag erwischt und
für CHF 300 bloss INR 17 500 bekommen. So nehme ich das
Trinkgeld, das ich meinen beiden Begleitern am Schluss geben
will, schon jetzt aus dem Portemonnaie heraus. Ich werde erst
in Darjeeling wieder wechseln können.

Ashis hat mein Gepäck eingeladen, das Auto ist frisch geputzt,
Wasserflaschen stecken auf beiden Seiten in der Türhalterung.
Los geht's. An die rumpelnden Strassen habe ich mich gewöhnt
und auch daran, dass zwischen zwei Autos, die sich kreuzen,
nur wenige Zentimeter Zwischenraum bleiben. Auf der einen
Strassenseite geht es tief hinunter, auf der andern steil hoch,
ich vertraue darauf, dass Ashis sich nicht verschätzt. Fast alle
Strassen sind «Under Construction», was bei dieser Topografie

und den Wetterbedingungen nicht verwundert. Wald, terrassierte Felder und Schluchten so weit das Auge blicken kann.

Nach zwei Stunden Fahrt gelangen wir nach Sirwani. Eine Brücke führt über die Tista. Der Fluss bildet die Grenze zwischen West- und Süd-Sikkim. Die Aufteilung in einen Ost-, Süd-, West- und Nord-Distrikt ist auch an den Nummernschildern der Autos erkennbar.

Nach der Teepause in der Cafeteria inmitten indischer Touristen, geht es auf einer schmalen sich den Berg hinaufwindenden Strasse zum Temi Tea Garden, der einzigen Teeplantage in Sikkim. Tief unten im Tal liegt ein Fluss-Kraftwerk. Wir spazieren durch die Gärten. Zu dieser Jahreszeit ist die Verarbeitungsanlage geschlossen.

Früher gehörte Darjeeling ebenfalls zu Sikkim und war von Lepchas und Bhutias besiedelt, wurde aber den Engländern als Gegenleistung für militärischen Schutz verpachtet. Die Engländer begannen damit, Teepflanzen aus China zu importieren und erfolgreich zu kultivieren.

Mittagessen gibt es erst gegen 14 Uhr in einem kleinen Lokal an der Strasse. Wie so oft bin ich der einzige Gast, und wie so oft esse ich Momos.

Nach einer weiteren Stunde Fahrt durch die gebirgige Landschaft gelangen wir zum Chörten-Park, der in der Nähe von Ravangla liegt. Beim Eingang sehe ich ein Plakat von Tripadvisor «Certificate of Exellence, Winner 2015». In der Mitte der grossen Anlage thront ein riesiger Buddha. Im Innern zeigt eine spiralförmige Galerie Bilder von Buddhas Lebensgeschichte.

Auf dem Rückweg zum Auto reden wir einmal mehr über den Sinn und die Berechtigung eines Gottes. Wir sind uns einig, wie schon zuvor, dass Gott als Wegweiser und Ratgeber dienen und Halt bieten kann. Spätestens seit dem Erdbeben bin ich gegen Überheblichkeit gefeit. Den Naturgewalten ausgeliefert fühlt sich der Mensch unbedeutend und winzig klein.

Kewzing ist unser nächstes Ziel, aber zuerst erlauben sich die zwei jungen Männer noch einen Spass mit mir. Zielstrebig steuere ich auf «unser» Auto zu. Ashis und Bhila gehen daran vorbei. Es gibt viele weisse Toyotas, denke ich, also habe ich mich wohl getäuscht und folge ihnen schnell. Natürlich lachen die beiden über den Scherz. SK 01 auf dem Nummernschild weist auf Ost-Sikkim hin, und davon gibt es hier wenige. 511 sind die Endziffern unserer Nummer. Von nun an täusche ich mich nicht mehr, obwohl sie es noch einmal probieren.

Am Dorfeingang von Kewzing steigen wir aus und gehen zu Fuss weiter. Ich werde hier in einem Homestay erwartet. Ähnlich einem B&B bieten Familien Übernachtungsmöglichkeiten für Touristen an. Es gibt ein Dorf-Komitee, das für die Organisation und auch für die Schulung der Gastgeberfamilien verantwortlich ist. Was brauchen Touristen, was erwarten sie, womit kann man sie erfreuen? Zudem werden kulturelle Vorführungen und der Besuch eines Behördenvertreters geplant.

Beim Dorfkloster begegnen wir dem Grossvater des Hauses, in dem ich übernachten werde. Er ist ein angesehener Mönch. Ich lege die Hände zusammen und grüsse mit «Kususangpo», was ihn sichtlich überrascht und erfreut.

Um 17 Uhr betreten wir den Empfangsraum des Bhutia-Hauses, der mich durch seine Grösse überrascht. An den fliederfarbenen Wänden des länglichen Raumes stehen Sitzbänke mit Teppichen drauf, in der Mitte drei aneinandergeschobene niedrige Tische. Die Hausfrau bringt uns Tee und Getreide-Pops. Die aufgetürmten filigranen Knusper-Gebilde mit dem Durchmesser eines grossen Tellers probiere ich gern. Man bricht ein Stück des fadenartigen Gewirrs ab und schiebt es in den Mund. Optisch erinnern sie mich an ungekochte thailändische Reis-Vermicelli. Einen deutlichen Geschmack kann ich nicht wahrnehmen.

Bhila übersetzt, was mir die Hausfrau sagen will: «Leider kann der Ortsvertreter nicht kommen, weil er abwesend ist, und auch die Volkstanzgruppe ist verhindert.»

Ich nehme an, dass es eine Ausrede ist, weil der Aufwand für eine Einzelmaske doch sehr gross gewesen wäre. Bhila hat mich vorgewarnt, ich hätte mit der Gruppe tanzen müssen. Dass dies nun ausfällt, stimmt mich keineswegs traurig. Wir breiten die Landkarte auf dem Tisch aus und verfolgen die Route, die wir heute gefahren sind.

Danach zeigt mir die Frau mein Zimmer. Es befindet sich im gleichen Haus, der Eingang liegt jedoch am andern Ende neben dem Küchengebäude. Alles ist sauber, einfach und nett hergerichtet. Die Böden sind aus lackierten Holzplanken, ebenso das halbhohe Täfer, die Wände sind in einem angenehmen Grün gestrichen. In der einen Zimmerecke liegen zwei Koffer, vielleicht hat man dort ein Bett herausgenommen. Zwischen den beiden Fenstern steht ein Nachttisch. Die Bettwäsche ist weiss und frisch. Wie ich mit den verschiedenen Decken umgehen soll, ist mir nicht auf Anhieb klar, so dass mir die Hausfrau das Bett vorbereitet. Sie legt die plüschige Wolldecke aufs Unterleintuch, darauf eine mit Baumwolltüll bezogene Decke. Als ich allein bin, wechsle ich die Reihenfolge, die Plüschdecke, die wahrscheinlich nicht gewaschen wird, kommt zuoberst. Dummerweise entdecke ich darin einen kleinen Maikäfer, den ich leider töten muss. Ich rieche am Kopfkissen und nehme einen rauchig-erdigen Geruch wahr, der mich an Schafwolle erinnert. Meinen Schlafsack brauche ich hier nicht.

Um 18.15 Uhr sitze ich in der Küche dieses typischen Bhutia-Hauses. Die Hausfrau heisst Eaden Bhutia, ist scheu und zurückhaltend, aber sie bemüht sich, genau wie ich, etwas Konversation zu betreiben. Die neunjährige Tochter Basanti Chettri hilft ihr dabei. Da der zweite Name normalerweise die Ethnie bezeichnet, wundere ich mich, dass die Tochter nicht ebenfalls Bhutia heisst. Dies hat den einfachen Grund, dass sie aus Nepal stammt und adoptiert worden ist. Die zwei anderen Kinder sind bald erwachsen, der siebzehnjährige Sohn besucht ein Internat, die neunzehnjährige Tochter lernt Krankenschwester. Der Hausherr ist Lehrer im Dorf. Auch in dieser

Familie wird Wert auf Bildung gelegt.

Die Hausfrau fragt mich, ob ich ein Hirsebier möchte und ist dann doch überrascht, als ich ja sage. Sie geht hinaus, um die Zutaten zu holen. Leider bin ich nicht geistesgegenwärtig genug, um ihr zu folgen. Sie kehrt zurück mit einem Trinkgefäss aus Holz und Metall, ähnlich einem Fass in Miniaturausgabe. Es ist gefüllt mit dunkelbrauner Hirse, die im Keller unter Beigabe von Hefe dem Gärprozess ausgesetzt worden ist. Am Tisch giesst sie heisses Wasser dazu, steckt ein dünnes Rohr hinein, das zum Saugen dient.

Ich kann nicht sagen, dass ich mit Genuss trinke. Das Getränk schmeckt etwas schimmlig. Den Alkohol spüre ich schnell, auch weil ich seit Mittag nichts mehr gegessen habe. Die Frau will mir heisses Wasser nachgiessen, was ich mit der Begründung ablehne, dass ich schon etwas betrunken sei. Sie lächelt, geht hinüber an die Küchentheke und bereitet mit dem Mörser eine weissgrüne Paste zu. Davon reicht sie mir ein Töpfchen. Es schmeckt wunderbar würzig und begeistert mich sofort. Das Mädchen erklärt mir, wie es gemacht wird. Frischkäse, Pfefferminzblätter und Chili werden verrieben – fertig.

Die Frau beginnt zu kochen, und das Mädchen hilft ihr mit allerlei Handreichungen. Ich bin etwas angespannt, weil ich nicht merke, ob die Unterhaltung mit mir als Abwechslung oder als Pflicht betrachtet wird. Es würde mir gefallen, einfach am Tisch zu sitzen und dem Kochprozess zuzuschauen.

Bhila und Ashis haben sich abgesetzt, sie wollen im Dorf einen gelben Leuchtstift kaufen, damit sie mir auf der Karte die Routen markieren können. Es ist nicht so, dass die markant eingezeichneten Strassen die besseren sind als die haarlinienfeinen oder gepunkteten, die gemäss Legende bloss Fusswege sein sollen. Die gezeichnete 1:150 000er Karte dient der Übersicht. Die Distrikte sind durch die verschiedenen Färbungen gut erkennbar. Mehr als eine grobe Orientierung ist jedoch nicht möglich. Was auf der Karte wie eine praktische Verbindung zwischen zwei Orten aussieht, kann in Wirklichkeit bedeuten, dass man einen Höhenunterschied von 1000 Metern hinunter und wieder hinauf zu überwinden hat, in einer Fahrgeschwindigkeit, die zwischen 5 und 10 km/h liegt. Die Auswertung meiner GPS-Aufzeichnungen (die ich erst nach meiner Rückkehr zu Hause machen konnte) ergibt, dass wir an diesem Tag 7,5 Stunden unterwegs waren, eine Distanz von 87 km zurückgelegt und brutto 2800 Höhenmeter bewältigt haben. Natürlich sind die Pausen darin enthalten.

Die Küche ist geräumig, mit türkisfarbenen Wänden, was freundlich wirkt. Im Winkel neben dem Eingang befindet sich eine mit Teppichen belegte Eckbank. Ich sitze am niedrigen quadratischen Tisch. An der Wand links von mir steht ein Holzschrank, eine Art Buffet mit Vitrine, anschliessend eine Sitzbank, die bis zum Ofen reicht und auch als Ablagefläche dient. Dort sitzt das Mädchen in dunkelgrünem Kapuzenpullover, blau-beige kariertem Faltenjupe, roten Kniesocken und spielt mit der Katze. Der traditionelle Lehm-Ofen wird mit Holz befeuert. Daneben steht eine Kommode mit einem Gasrechaud darauf, danach folgt eine mit hellblau gemusterten Keramikplatten verkleidete Küchentheke mit Spülbecken und Wasserhahn. Auf der Arbeitsfläche befinden sich Reiskocher, Wasserkocher und verschiedene Thermoskannen. In den offenen Regalen darüber reihen sich allerlei Kochutensilien, Schöpflöffel, Kellen, Metalltöpfe und Behältnisse für Hirsebier aneinander. Auch die grossen Blechteller, auf denen das Essen angerichtet wird, fehlen nicht.

Die Küchenzeile wirkt lebendig, es knistert, brodelt, blubbert und pfeift, interessiert verfolge ich den Kochprozess. Die Hausfrau in grauer Hose, braun gemusterter Bluse und brauner Strickjacke, die über die Hüften reicht, schnetzelt Gemüse und rührt in den verschiedenen Töpfen.

Die grauweiss getigerte Katze, so neugierig wie das Mädchen, lässt sich von mir streicheln. Nun kommt der Grossvater, den ich oben im Kloster begrüsst habe, in die Küche und setzt sich zu mir an den Tisch. Ich weiss nicht, ob ich etwas sagen soll. Er schaut mich nicht wirklich an, sitzt einfach da, genau wie ich. Nach einer Weile steht er auf und geht wieder hinaus. Ein anderer Mann kommt herein und fragt mich, woher ich sei. «Switzerland» ist ein dankbares Thema. Er ist der Schwager der Frau und redet eine Weile mit mir.

Die Küche ist der Aufenthaltsraum der Familie. Die Türe steht offen. Drinnen wie draussen herrscht die gleiche Temperatur, niemand zieht eine Jacke aus oder an.

Das Mädchen setzt sich mit seinen Hausaufgaben an den Tisch und freut sich über mein Interesse. Es schreibt einen Text in Hindi. Als es fertig ist damit, gebe ich ihm die Farbstifte, die ich mitgebracht habe. Es strahlt und beginnt sofort bunte Blumen zu zeichnen.

Später breiten wir die Landkarte von Sikkim aus und suchen die verschiedenen Symbole von Gletschern, Höhlen, heissen Quellen, Klöstern und Chörten. Das Mädchen folgt mit dem Finger den Flussläufen, die hier Chu heissen. Auch die Mutter kommt an den Tisch und beteiligt sich an unserem Spiel. Nun fühle ich mich sehr wohl. Das Mädchen ist glücklich. Die Hausfrau erliegt ebenfalls der Faszination der Landkarte, das Interesse macht sie lebendig und offen. Als sie mir – es ist bereits nach 20 Uhr – das Essen serviert, haben wir die gegenseitige Scheu überwunden.

Ich esse allein. Über diese Gepflogenheit habe ich gelesen, darum erstaunt es mich nicht. Die Hausfrau schaut, dass es mir an nichts fehlt, das Mädchen hat sich wieder neben den Ofen gesetzt und spielt mit der Katze. Ich esse das traditionelle Gericht mit Reis und verschiedenen Gemüsebeilagen. Als Dessert gibt es einen aufgeschnittenen Apfel.

Als ich fertig gegessen habe, kommen Bhila und Ashis angedampft. Sie sind aufgedreht. Ob das vom Hirsebier kommt? Den gelben Marker haben sie leider nicht gefunden und entschuldigen sich (wofür auch immer). Sie führen sich auf wie Jugendliche, die den Ausgang überzogen haben.

Die Hausfrau steht bereits wieder am Herd. Ja, denke ich, das ist ihre Aufgabe, kochen ist eine zeitintensive Angelegenheit. Sie arbeitet den ganzen Tag in der Küche, immer brodelt es in den Töpfen und ständig kommt jemand, der hungrig ist.

Ich lasse die beiden allein und gehe in mein Zimmer. Zähneputzen im Gemeinschaftsbad. Danach schlüpfe ich ins Bett, froh darüber, dass der Käfer nicht mehr in der Decke herum krabbeln kann. Irgendwann höre ich die Jungs im Zimmer nebenan reden. Die Nacht ist ungewöhnlich, mit vielen Geräuschen. Hunde jagen ums Haus. Es regnet heftig. Um 5 Uhr beginnt ein meditatives Murmeln, an- und abschwellend, der Grossvater betet. Ich träume von einem Erdbeben, das ich verschlafe.

Tempel in Kewzing

Willkommen im Homestay

Bön-Tempel, heilige Höhle und heisse Quelle

Vor dem Frühstück bleibt mir Zeit, Hof und Garten meiner Gastgeberfamilie genauer anzuschauen. Das Anwesen besteht aus zwei Gebäuden und einem offenen Stall. Im grösseren zweistöckigen Haus mit sichtbarer Balkenkonstruktion befinden sich Empfangsraum, Gebetsraum, mehrere Schlafzimmer und das Badezimmer, im kleineren, einstöckigen wird gekocht und gegessen. Die Flügel der Sprossenfenster öffnen sich nach aussen und werden mit kleinen Haken fixiert. Die blau und grün gestrichenen Wände beim Kücheneingang heben sich vom Rest der hell getünchten Fassade ab. Blumentöpfe reihen sich der Hausmauer entlang. Die verschiedenen, nicht winterharten Pflanzen wie Begonien, Geranien und Orchideen kenne ich aus unseren Gärtnereien. Etwas weiter entfernt hangabwärts befinden sich Stallküche und Unterstände für die Tiere.

Da das Haus am Hang liegt, sind die Böschungen mit Stützmauern befestigt. An und auf diesen Natursteinmauern wachsen Kräuter, Blumen und Nutzpflanzen wie Pfefferminze, Kardamom und Salate. Fasziniert fotografiere ich eine Baumtomate. Die ellipsenförmige Frucht hängt an einem kleinen, schirmförmigen Baum. Der Hausherr, der nun in den Garten kommt, um mich zu begrüssen, sagt, dass man sie roh essen könne.

Bhila gesellt sich zu uns und begleitet uns zu den Nutztieren. Ein paar Hühner strecken die Köpfe aus einer Spalte ihres Stalls. Noch ist die Luke für den Auslauf geschlossen. In einer mit Laub ausgestreuten Bucht liegen zwei schwarze Schweine.

Drei Kühe und ein Kalb im Unterstand mit Blechdach schauen uns neugierig an. Auch hier dient Laub als Streumaterial. Die schwarz- und braunweiss gefleckten Kühe sind klein und mager, eine einheimische Rasse, die sich seit Generationen fortpflanzt. Sie liefert der Familie Milch, aus der auch Frischkäse hergestellt wird. Oberhalb des Unterstands befindet sich ein offener Schuppen mit Kochstelle. Grosse Töpfe und allerlei Gerätschaften wie Körbe, Siebe und mit Schraubdeckeln verschlossene Gefässe stehen herum. Hier wird für die Tiere Suppe zubereitet.

Da ich als Kind meine Ferien oft auf einem Bauernhof verbracht habe, sind mir der Umgang mit Kühen, die Milchproduktion und -verwertung vertraut. Ich bemerke Bhilas Interesse, und so erschliesst sich uns ein neues Gesprächsthema.

Als ich die Küche betrete, sitzt das Mädchen bereits am Tisch und zeichnet mit den neuen Farbstiften. Die Hausfrau steht am Herd und bereitet das Mittagessen vor. So glaube ich vorerst. Sie wirkt auch heute Morgen wieder ruhig und zurückhaltend. Sie lässt mich in den Topf schauen, darin brodelt eine Suppe mit Rindfleisch und Gemüse. Mit den Fingern zupft sie kleine Stücke von einem Teig, rollt sie, gibt jedem einen Knick mit dem Daumennagel, so dass sie wie Gnocchi aussehen, und gibt sie zur Suppe. Dann bereitet sie meinen Tee zu. Mit Milch und Zucker, da sie nicht glaubt, dass er mir mit Salz schmecken würde.

Als sie mir das Frühstück hinstellt, staune ich nicht schlecht. Die Suppe heisst Kauri und riecht wunderbar würzig. Das kleingeschnittene Fleisch ist etwas zäh, aber schmackhaft. Dazu reicht sie mir gehackten Koriander, den ich darüber streuen soll. Auf einem kleinen Teller sehe ich rohe Karottenscheiben und die aufgeschnittene Baumtomate, die ihr Mann gepflückt und in die Küche gebracht hat, eine liebenswürdige Geste. Die orangerote Frucht schmeckt säuerlich frisch.

Das Mädchen verfolgt alles ganz genau, wie ich esse, wie ich trinke, immer wieder schaut es von seinem Heft auf. Es zeigt mir die Blumen, die es gezeichnet hat. Als ich mit Essen fertig bin, setzt es sich neben mich. Bhila macht ein Foto von uns, und ich darf (muss) mich ins Gästebuch eintragen. Als ich mit der gepackten Tasche vom Zimmer herunterkomme, arrangiert Bhila noch ein Gruppenfoto vor dem Haus.

Unterwegs erzählt er mir vom Bären-Problem in seinem Dorf. Früher befand sich die Küche eines typischen Bhutia-Hauses immer in einem separaten Gebäude. So blieb das Wohnhaus von Rauch und Russ verschont. Das ist nicht mehr überall so. Viele dieser separaten Gebäude erfüllen heute den Zweck von Stallküchen und Vorratsräumen. In einer solchen Stallküche entdeckte Bhilas Mutter eines Tages einen schlafenden Bären. Es stellte sich heraus, dass er dreissig Liter Hirsebier gesoffen, fünfzehn Kilogramm Korn, alle anderen Vorräte und sechs Hühner gefressen hatte. Er blieb zwei Tage liegen, dann wachte er auf und floh.

Auf meine Frage, warum man ihn nicht erschossen habe, sagt Bhila, dass er unter Schutz stehe. Der Schaden wird dennoch nicht vergütet. Ich vergleiche die Situation mit den Bären, die in der Schweiz seit einigen Jahren vermehrt auftauchen, immerhin dürfen Problembären geschossen werden. Im Gegensatz zu hier wird bei uns der materielle Schaden vergütet.

In Sikkims Bergen und Urwäldern haben schon immer Bären gelebt, die Menschen sind daran gewöhnt. Nun bringt es die Zivilisation mit sich, dass die natürlichen Feinde je länger je mehr fehlen. Da es in den besiedelten Gebieten weniger Füchse und wilde Hunde gibt, kommen die Bärenmütter mit ihren Jungen vermehrt in die Dörfer, was für die Menschen ein Problem bedeutet.

Bevor wir Kewzing verlassen, besuchen wir den einzigen Bön-Tempel in Sikkim. So wie ich verstehe, war Bön die animistisch geprägte Ur-Religion, die sich später mit dem Buddhismus vermischte. Der starke Einfluss der naturreligiösen Vorstellungen von früher ist noch heute im hier vorherrschenden

Vajrayana-Buddhismus spürbar. Die Natur ist beseelt, überall
zeigen sich Spuren und Manifestationen von Gottheiten, die
verehrt werden und die es zu respektieren gilt. Dazu erzählt
mir Bhila eine Geschichte.

Da sein Grossvater von den Nomaden abstammte und Schamane war, hatte er, weil es zur Tradition gehörte, die Erlaub-
nis zum Jagen. Um der Natur zu danken, opferte er einmal im
Jahr ein Huhn. Die Familie übt dieses Ritual unter Beiziehung
eines Popen noch heute aus. Bhila betrachtet diesen Brauch als
überholt. Seine Mutter fürchtet jedoch, dass wenn sie mit dem
Ritual aufhörten, ein Unglück über die Familie hereinbrechen
könnte. Wer garantiert ihr, dass es nicht so sein würde?

Manche Übersetzungen ins Englische findet Bhila unpas-
send. Dazu gehört der Ausdruck «Schamane», wofür er lieber
die Bezeichnung «Pop» verwendet. Ich notiere mir: In Bhutia
heisst «Schamane» «Pop», in Lepcha «Bongthing».

Unser nächster Halt ist in Tingmo am Ufer des Rangit, der die
Grenze von Süd- zu West-Sikkim bildet. Hier befinden sich
heisse Quellen und die wichtigste der vier heiligen Höhlen
Sikkims. Diese Höhle soll die eindrücklichste sein und die
Wiedergeburt darstellen. Wenn man den engen Zugang ver-
lässt, was man kriechend tun muss, sind einem alle Sünden
vergeben.

Zuerst wandern wir zum Fluss hinunter, wo sich ein paar
Häuser, ein kleiner Tempel und eine Toilettenanlage befinden.
Über eine Hängebrücke, die mit flatternden Gebetsfahnen geschmückt ist, gelangen wir ans andere Ufer. Neben dem Chörten führt ein schmaler Weg, der mit einem Baldachin über-
dacht ist, zum Eingang der Höhle, unscheinbar, wenn man
nicht weiss, was sich dahinter verbirgt. Wir ziehen die Schuhe
aus und gehen barfuss weiter. Als ich den engen Durchschlupf
sehe, zögere ich einen Moment. Ashis, der sich die wichtigen
Heiligtümer nicht entgehen lässt und uns begleitet, zwängt sich
in die Öffnung. Entschlossen krieche ich hinterher. Durch den
ungefähr fünf Meter langen Tunnel gelangen wir in eine Grotte

mit Oberlicht, so dass ich mich wieder wohler fühle. Dort sitzt ein Mönch im Räucherstäbchenduft und blickt uns freundlich an. Wir legen etwas Geld hin. Weiter hinten in der Höhle zeigt mir Bhila die Ausbuchtungen der Ellbogen und des Kopfes, die der meditierende Guru Rinpoche im Fels hinterlassen hat. Nun soll ich ein Bündel Räucherstäbchen anzünden. Dabei stelle ich mich etwas ungeschickt an. Ich halte es – was richtig ist – über eine Kerzenflamme bis die Spitzen brennen. Als ich das Bündel in die dafür vorgesehene Schale mit Sand drücken will, zerbricht es mir in der Hand. Die Stäbchen sind nicht hart und der Sand nicht weich genug. Bhila rettet, was zu retten ist.

Die Form der Höhle gleicht einer Gebärmutter, das ist offensichtlich. Durch den Gebärmutterhals kriechen wir zurück ins Leben. Und tatsächlich fühle ich mich, aus welchen Gründen auch immer, wie frisch geboren.

Am Flussufer zwischen riesigen Steinen und Felsbrocken befinden sich die heissen Quellen. Das Gebiet ist mit grünen Plachen eingegrenzt, Sandsäcke stauen das schweflige Wasser. Ich ziehe die Schuhe aus, kremple die Hosenbeine hoch und wate im warmen Wasser umher. Bei den Felsen, in den tieferen natürlichen Becken, tauchen die Männer und ein paar alte Frauen ihre Körper ganz ins Wasser. Bhila ermuntert mich zu fotografieren. Da ich nicht aufdringlich sein will, übernimmt er die Aufgabe und macht mit meinem Fotoapparat ein paar Bilder. Das scheint die Badenden nicht zu stören. Als ich die Schuhe wieder anziehe, sagt er, man sehe, dass ich nie barfuss laufe.

Wir spazieren zu den Bretterbuden weiter hinten und gehen an ein paar älteren Frauen und Männern vorbei, die am Boden hocken. Bhila sagt, sie seien betrunken, was ich nicht gemerkt hätte. Als ich frage wovon, sagt er, vom Hirsebier, das den Arbeiterinnen und Arbeitern oftmals das Essen ersetze. In einer Garküche gibt es Tee. Damit ich draussen sitzen kann, wird ein Hocker auf die Betonmauer am Flussufer gestellt, da throne ich wie ein Ausstellungsobjekt.

Als wir wieder zur Strasse hochsteigen, was eine gute halbe Stunde in Anspruch nimmt, klärt mich Bhila über das Problem von Staumauern auf, welche indische Kraftwerkbetreiber an den Flüssen bauen wollen. Hier am Rangit Khola hätte der grösste Staudamm Sikkims entstehen sollen. Die Bevölkerung protestierte – bis jetzt mit Erfolg. Heiligtümer wie diese Höhle, würden zerstört werden, was bedeutet, dass ein Teil der Kultur und Identität verloren ginge.

Bhila erzählt mir wieder von seinem Grossvater, der ihm die Bedeutung, den Wert und die Heilkraft der Natur erklärt und ihm sein Wissen über die medizinische Wirkung verschiedener Pflanzen weitergegeben hat. Die mündliche Überlieferung ist auf das Erinnerungsvermögen angewiesen. Vieles, aber nicht ganz alles, weiss er noch.

Es gibt hier eine äusserst wertvolle Heilpflanze, wobei die Bezeichnung Pflanze nicht ganz stimmt, weil sie je nach Stadium eine Raupe ist. Sie heisst Yazacambu. Bhila wird sie mir im Khangchendzonga-Nationalpark auf einem Plakat zeigen können. Yazacambu ist sehr teuer und vor allem in China begehrt. Der Organismus, halb Pflanze, halb Raupe, stirbt nie. Vom September bis November zieht er sich in die Erde zurück. Dezember bis Februar ruht er, März bis Mai verwandelt er sich in eine Raupe, im Juni bis August streckt sich Yazacambu wieder aus der Erde.

Als er mir das erzählt, erinnere ich mich an einen Dokumentarfilm, den ich über diese Raupe gesehen habe, die eigentlich ein Pilz ist. In Wikipedia wird sie denn auch als Raupenpilz bezeichnet. Das Sammeln ist eine mühselige Angelegenheit, doch im Norden Sikkims verdienen die Leute viel Geld damit. Die Raupen zu finden, ist anstrengend, vergleichbar mit Stecknadeln suchen im Gras. Dazu kommt, dass im Juli im Gebirge die Azaleen blühen. Wenn die Leute stundenlang mit der Nase am Boden herumkriechen, wird ihnen übel vom Duft.

Die Fahrt führt weiterhin durch die gebirgige Landschaft mit waldigen und terrassierten Hängen. Bhila macht mich auf die vielen Kardamompflanzen aufmerksam, die entweder kultiviert oder wild am Strassenrand und an den Böschungen wachsen. Der braune Kardamom ist auf dem Weltmarkt begehrt und bringt etwas Bargeld in die Haushaltskassen der Familien.

Auf gleichbleibender Höhe folgen wir dem Lauf des Rangit. Nach einer Stunde erreichen wir Reshi Bazar und essen in einem kleinen Lokal an der Strasse zu Mittag. Der Ort besteht aus ein paar zerstreuten Häusern am Hang.

Nun kurven wir aufwärts, und als Bhila mir den Weg auf der Karte zeigt, verstehe ich zuerst nicht, warum wir diesen weiten Bogen machen müssen, um nach Rinchenpong zu gelangen.

Es ist einfach zu erklären: Wir brauchen eine Brücke, um auf die andere Seite des Reshi Khola zu gelangen. Die Strassen sind auf der Karte zwar breit eingezeichnet, doch in Wirklichkeit sind sie entweder in sehr schlechtem Zustand oder unpassierbar. Die Strasse, auf der wir uns befinden, ist gemäss Karten-Legende ein Fussweg. So fahren wir auf einer Höhe von 1000 m ü. M. den Hang entlang und sehen auf der gegenüberliegenden Seite des Flusses unseren weiteren Weg. Man muss die Strassen und ihren Zustand gut kennen, auch die Baustellen, die manchmal über Jahre hinweg bestehen bleiben.

Nach der Brücke fahren wir an einem Haus vorbei, in dessen Garten ein Baum mit reifen Pomelos steht. Meine Lieblingsfrucht, die ich schon oft gegessen, aber noch nie in der Natur gesehen habe. Ashis hält an, geht hinauf zum Hause und kehrt mit drei grossen gelben Früchten zurück. Sie seien nicht besonders gut, habe die Besitzerin gesagt. Immerhin, ich halte sie in Händen und rieche daran. Danach werden sie im Kofferraum verstaut. Dort befinden sich, wie ich sehe, zwei grosse Beutel mit Blätterteiggebäck, die gleiche Sorte, wie ich in Reshi zu Mittag gegessen habe. Wie ich später erfahre, sind Mitbringsel beliebt. Die Männer haben ein anderes Spesenkonto als ich und übernachten manchmal bei Verwandten oder Bekannten.

An einem unglaublich steilen Hang besuchen wir Azing's Modelfarm. Ein schmaler Pfad führt über eine Rippe abwärts durchs Eintrittstor in eine ebenso steil und wunderschön angelegte Plantage mit vielen verschiedenen Pflanzen. Indische Touristen degustieren bereits die biologischen Fruchtweine, die aus Guava, Bananen, Kirschen, Orangen, Ananas und Jack Fruit hergestellt werden. Eine weitere Besonderheit ist die winzige stachelfreie Wildbiene, die einen wertvollen Honig produziert, der hier verkauft wird. Er soll heilend wirken, ist für meine Begriffe jedoch sehr teuer. Da ich Eintritt bezahlt habe, fühle ich mich nicht verpflichtet, etwas zu kaufen. Es ist extrem heiss hier am Hang, so dass wir um jeden schattenspendenden Ast, Stauch oder Baum froh sind. Interessant finde ich, wie in diesem abgelegenen Gebiet mit einer ungewöhnlichen Idee Touristen zu einem Besuch animiert werden können.

Rinchenpong, unser heutiges Ziel, liegt auf einer Bergrippe. Der Weg zur «Yuksam Farmhouse-Lodge» führt den Berg hinunter, nicht steil, aber über eine Geröllpiste, die ich mir nie und nimmer als befahrbar hätte vorstellen können. Zudem türmen sich in regelmässigen Abständen pyramidenförmige Steinhaufen, welche die halbe Fahrbreite einnehmen. Ashis bringt das Kunststück fertig, uns mit seinem für solches Gelände untauglichen Auto bis vor die Lodge zu kutschieren. Für die Distanz von 2,5 km mit einem Höhenunterschied von 200 Metern brauchen wir etwa eine halbe Stunde.

Ich bin der einzige Gast. Die Farmhaus-Lodge besteht aus einem Hauptgebäude und ein paar Bungalows und ist umgeben von einem originell angelegten Garten, einem Gemisch aus Nutz- und Zierpflanzen. Ich entdecke Schnittsalat in Töpfen und wildwachsende Orchideen an Bäumen.

Meine Unterkunft steht am Rand des Geländes. Das Rundhaus mit einem komfortablen Badezimmer gefällt mir sehr gut. Beim Anblick meiner Begeisterung entwischt dem eher mürrischen Besitzer ein stolzes Lächeln. Von der Eingangstür sieht man durch den grossen Raum hindurch direkt auf die Holzveranda. Links befindet sich ein Doppelbett, rechts ein Sofa, neben der Verandatür ein Tisch mit zwei Stühlen. Auch die Steckdosen befinden sich an den richtigen Stellen. Es gibt genug Licht, so dass ich am Tisch sitzen und schreiben oder im Bett liegen und lesen kann. Da es um 18 Uhr dunkel wird, bedeutet das ein besonderer Komfort. Dem Windlicht mit Kerze und den Streichhölzern auf dem Tisch messe ich noch keine grosse Bedeutung zu.

Später sitze ich im Essraum an einer langen Tafel und warte, bis mir der fröhliche junge Mann das Essen aus der Küche bringt. Wir strahlen um die Wette. Er scheint sich über seinen einzigen Gast zu freuen. Der Wirt bemüht sich, mürrisch zu wirken. Ich interpretiere das als Unsicherheit, weil er nicht weiss, wie er sich mir gegenüber verhalten soll.

Die Speisen schmecken herrlich, Kürbissuppe, Reis, Chapati, Linsensuppe, Bohnen, Erbsen mit Frischkäse, Kartoffelstäbchen und Joghurt mit Rettich und Chili. Die Unterhaltung mit dem fröhlichen jungen Mann verläuft auf der nonverbalen Ebene. Nach dem Essen warte ich noch eine Weile, da ich nicht weiss, ob es Dessert gibt.

Der Essraum ist mit schweren dunklen Möbeln eingerichtet, was auf mich kolonial wirkt. Auf dem Tisch liegt eine Glasplatte, welche die ganze Fläche abdeckt und einen glänzend sauberen Eindruck macht. Wie hygienisch das letztlich ist, kann ich nicht beurteilen. Am nächsten Tag werde ich beobachten, wie sie mit Sprayflasche und Lappen gereinigt wird.

Als ich mich in der Küche verabschiede, merke ich, dass ich noch lange auf ein Dessert hätte warten können. Der fröhliche junge Mann sitzt bei der Köchin und isst.

Draussen prasselt Regen. Hunde liegen unter den Vordächern. Ich hoffe sehr, dass sie mich als Gast und nicht als Eindringling wahrnehmen. Der Weg zu meinem Bungalow stellt kein Problem dar, er ist beleuchtet. Was mir Geschicklichkeit abverlangt, ist das aufschliessen des Vorhängeschlosses. Der Schlüsselanhänger ist so schwer, dass sich das winzige Schlüsselchen, wenn ich es ins Schloss stecke und drehe, vom Ring löst und der Anhänger zu Boden fällt. Ihn ohne Taschenlampe wieder zu finden, ist nicht einfach.

Heisse Quelle in Tingmo

Bad im schwefligen Wasser

Zu Fuss durch Kastanienwälder zum Resum Monastery

In der Nacht trommelt heftiger Regen aufs Blechdach. Als ich am Morgen nach draussen gehe, staune ich, wie still es ist. Es regnet bei weitem nicht so stark, wie ich mir auf Grund des lauten Prasselns vorgestellt habe.

Noch immer bin ich der einzige Gast in der «Yuksam Farm-house-Lodge». Der fröhliche junge Mann bringt mir Toast, Peanut-Butter und Konfitüre und fragt mich, ob ich ein Omelett möchte. Kurz danach kehrt er mit drei gerollten Pfannkuchen zurück. Wunderbar, denke ich, gut, dass ich ja gesagt habe. Der dünne Teig ist mit einem Gemisch aus Frischkäse, Mehl und Kartoffeln gefüllt, gut gewürzt und schmeckt ausgezeichnet, ich schaffe zwei Stück. Danach bringt mir die Frau aus der Küche zusätzlich ein Eier-Omelett. Sie spricht etwas Englisch, so kann ich sie über das Missverständnis aufklären. Die Pfannkuchen, die ich zuerst bekommen habe, sind eine lokale Spezialität und heissen Puri. Sie selber stammt aus dem Dorf und ist Köchin hier in der Lodge. Ich komme nicht umhin, vom Eier-Omelett zu essen. Es ist mit Zwiebeln, Kräutern und Chili schmackhaft gewürzt.

Unterwegs zu meinem kleinen Haus, kommt mir Bhila entgegen. Er will mit mir die wetterbedingte Änderung des Tagesprogramms besprechen und eröffnet mir, dass meine Wanderschuhe im Hotel in Rumtek geblieben sind. – Ärgerlich!

Um Ashis' Auto nicht zu verschmutzen, habe ich die Schuhe nach dem Wandern jeweils ausgezogen und in den weissen Stoffbeutel gesteckt, den Ashis extra dafür im Kofferraum mitführt. Das letzte Mal, so fällt mir nun ein, sind wir zu Fuss zum Hotel zurückgekehrt. Erst dort habe ich die Schuhe gewechselt. Ashis hat den Stoffbeutel aus dem Auto geholt, und so nahm ich an, er würde ihn wieder dorthin zurücklegen. Dass dem nicht so war, weiss ich nun. Doch das Problem ist bereits halb gelöst. Ein Fahrer, der von Rumtek nach Pelling fährt, was unsere nächste Station sein wird, bringt sie mit. Ich werde heute in Turnschuhen wandern, was sowieso besser passt. Kein Mensch spaziert hier in Wanderschuhen herum.

Was mich wirklich erschüttert, ist Bhilas folgende Nachricht: «Das Ministerium in Gangtok hat heute für 10.30 Uhr eine Erdbebenwarnung herausgegeben.»

Als Bhila mein entsetztes Gesicht sieht, versucht er mich zu beruhigen, es sei bloss eine Warnung. Mir ist es wind und weh. Wenn so etwas angekündigt wird, muss es begründet sein. Mir geht durch den Kopf, dass ich in einem Holzhaus mit Blechdach wohne und somit wenigstens keine Mauern einstürzen können.

Bhila lächelt: «Mädm, welches Datum ist heute?»

Ein Aprilscherz! Natürlich bin ich erleichtert, aber der Schreck ist mir zu heftig eingefahren, ich kann mich lange nicht davon erholen.

«Und was ist mit den Schuhen?»

Das ist leider kein Scherz.

Gegen 10 Uhr wird der Regen leichter. Anstatt durch den Wald, wandern wir auf der Strasse, die sowieso besser für Fussgänger als für Autos geeignet ist, ins Dorf hinauf. Bei den aufgehäuften Steinen sitzen Gruppen von Leuten und zerklopfen die Brocken zu Schotter, den Schotter zu Split und den Split zu Sand. Die Frauen und Männer, junge, alte, nett angezogene, manche in Hemd und Pullover, andere im T-Shirt machen einen gelassenen Eindruck bei dieser Arbeit. Der Strassenbau untersteht dem Staat und ermöglicht den Menschen einen Verdienst. Mit dem hergestellten Schotter wird die Strasse belegt, darauf kommt eine Schicht Sand und auf das Sandbett

Kopfsteinpflaster. Bis es soweit sei, sagt Bhila, werde noch viel Zeit vergehen. Solche Strassen sind robust und dauerhaft, was sie bei diesen rauen Wetterbedingungen auch sein müssen.

Auf halbem Weg hören wir den Gesang einer Morgenzeremonie, wie sie in Schulen abgehalten wird. Als der Regen aufhört, beginnt ein vielstimmiges Vogelkonzert. Wir sind nicht allein unterwegs. Junge Frauen, zu zweit oder in kleinen Gruppen, einzelne Männer, kleine und grössere Kinder ziehen den Weg ins Dorf hinauf.

Bhila macht mich auf die Frau im blauen Kleid aufmerksam. Die Farbe des Kleides ist das Kennzeichen dafür, dass sie Mitglied einer Selbsthilfegruppe von Frauen ist, die sich um Gesundheit und Hygiene in den Familien kümmert. Die Mitglieder veranstalten Kurse und beraten andere Frauen, auch was Ernährung und Erziehung betrifft. Bhila begeistert sich für das Thema. Er sagt, auf diese Art sei eine unabhängige gesellschaftliche Weiterentwicklung möglich.

Bald sind wir oben im heute neblig feuchten Rinchenpong Bazar, das aus einer Strasse mit ein paar Läden besteht. Der Coiffeur, dessen Stühle draussen vor dem Geschäft stehen, ist bereits an der Arbeit. Ashis steht mit aufgefrischtem Haarschnitt bei ein paar Männern und schwatzt. Er hat bei Verwandten übernachtet.

Der Besitzer der Lodge hat Bhila eine Einkaufsliste mitgegeben. So geht er von Laden zu Laden. Fasziniert beobachte ich, wie ein Mann im Kapuzenshirt vor seinem Geschäft auf einem Tisch Teigbällchen auswallt. Eine Frau nimmt aus einer grossen Blechschüssel portionenweise von einer gelblichen Füllung und verteilt sie auf den runden Plätzchen. Eine zweite Frau formt daraus die pyramidenförmigen Somosas und frittiert sie im Öl. Ich darf fotografieren. Bhila kommt hinzu und kauft ein paar für unterwegs.

Wir wandern auf der Strasse, die zum kleinen Gurung Monastery führt. Ashis reagiert nicht auf meine Bemerkung zu seinem aufgefrischten Haarschnitt. Er meidet den Blickkontakt, und ich weiss sofort, dass es wegen der Wanderschuhe ist. Sicher hat ihn Bhila über meinen Ärger informiert.

Mir gefällt der Betrieb auf der Strasse. Er ist überschaubar und nicht gefährlich. Ein paar Autos, Fussgänger, Hunde, Motorräder ... Soeben stoppt eines. Bhila kennt die beiden Männer. Während er mit dem Fahrer redet, schaut mich der Beifahrer ziemlich keck an. Früher hätte ich das als Flirtversuch eingestuft. Leicht erschreckt wende ich mich ab.

Als wir weitergehen, erzählt mir Bhila, dass der Fahrer einer der bekanntesten Sport-Kletterer sei. Wir hören eine scheppernde Lautsprecherstimme. Ein offener Jeep fährt langsam an uns vorbei und beschallt die Gegend mit einer Ansage, die mit «Putana! Putana! Putana! ...» beginnt und unzählige Male wiederholt wird. Mit diesem «Hört! Hört! ...» wird die Polioimpfung für Kleinkinder angekündigt, die Ansage informiert über Zeit und Ort, damit die Eltern wissen, wo sie die Kinder hinbringen müssen.

Bevor wir das bescheidene Dorfkloster erreichen, bastelt Bhila ein Blutegel-Abwehrgerät. Stolz leihe ich ihm mein Sackmesser aus. Von einer weissen Stofftasche aus Flies, wie sie für meine Wanderschuhe verwendet wurde, schneidet er ein Stück ab, gibt Salz hinein, das er im Dorf gekauft hat, und faltet es zu einem kleinen Beutel. Den bindet er an einen Holzstecken. Saugt sich nun ein Blutegel an seinem oder meinem Bein fest, braucht er bloss mit dem feuchten Salzbeutel dran zu klatschen, und der Blutegel wird dieselbe Reaktion zeigen wie eine Schnecke, die mit Salz in Berührung kommt. Er zieht sich zusammen und fällt ab.

Beim Klosterhof sehen wir einen Mann und einen kleinen Bub, die zusammen eine Bambusstange tragen. Daran hängt ein schwerer Zementsandsack. Kurz entschlossen nimmt Bhila dem Kleinen die Stange ab, legt sie sich selbst auf die Schulter und hilft dem Mann die Last hinters Kloster zu tragen. Die Menschen sind hilfsbereit und freundlich im Umgang miteinander, das habe ich schon öfter beobachtet.

Nach dem Besuch des schlichten Dorftempels, wandern wir an einer Schule vorbei, bleiben stehen und hören eine Weile dem Gesang zu. Der weitere Weg führt uns an einem hübschen Haus mit Garten und vielen Blumentöpfen vorbei. Ein paar Jugendliche albern herum. Weiter geht es durch einen nebligen Kastanienwald vorbei am Poison Lake. Eine in kräftigem Gelb gemalte Tafel bietet einen geografischen Überblick. Unten das Gurung Kloster, wo wir waren, oben das Resum Kloster, wo wir hingehen werden. Unterwegs gibt es ein Haus aus der Kolonialzeit zu besichtigen, das mich irgendwie nicht interessiert. Wir durchqueren einen Hof mit Hühnern, die Hausfrau hängt Wäsche an eine Leine und lächelt uns scheu zu.

Der Weg führt über alte Steinstufen weiter durch den Wald hinauf. Links, auf einem Landstück mit Haus, knurren und bellen mehrere Hunde. Bhila pfeift seine Melodie, und ich sterbe fast vor Angst. Es ist mir schon ein paarmal aufgefallen, dass Bhila zu pfeifen beginnt, wenn Hunde in Sichtweite sind. Damit, so finde ich, lockt er sie erst recht an. Manchmal rennen sie bellend auf uns zu. Ein Mann, der ein Stück vor uns geht, muss nun an diesem Haus vorbei. Ich spüre seine Angst förmlich. Bhila ruft ihm etwas zu, was ihn nicht zu beruhigen scheint. Für mich gibt es nichts Schlimmeres, als unberechenbare Hunde, so will ich nur möglichst schnell aus der Gefahrenzone heraus.

Als ich Bhila frage, was er zu dem Mann gesagt habe, erklärt er mir, dass man bei Hunden auf den Schwanz schauen müsse. Daran erkenne man ihre Laune. Wenn sie wedeln, ist sie gut. Sie mögen es, wenn man pfeift.

Es gibt hier Leute, die Hunde abrichten, um ihren Besitz zu schützen. Die Art und Weise, wie das getan wird, ist widerwärtig. Es irritiert mich, dass mir Bhila das so gelassen schildert. Das Unrecht, das den Hunden angetan wird, scheint ihm nicht bewusst zu sein. Wieder einmal tut sich ein Widerspruch auf. Ich verstehe nicht, warum man Tiere plagen, aber nicht töten darf. Aber darüber kann ich jetzt nicht reden. Vielleicht weil mein Entsetzen zu gross ist.

Die alte Steintreppe führt weiter durch den neblig feuchten Wald. Schweigend gehe ich hinter Bhila her. Ab und zu pfeift er ein paar Töne. Vielleicht signalisiert das den Tieren, dass in ihrem Revier jemand zu Gast ist. Sie sollen nicht erschrecken. Seine Aufmerksamkeit macht mich hellhörig für die vielen Geräusche um uns herum.

Zuerst vernehmen wir Motorenlärm, dann erkennen wir durch den Nebel die Silhouetten zweier Männer. Sie sägen Stämme zu Brettern und tragen sie anschliessend zum Resum Monastery hinauf. Das Kloster liegt zuoberst auf dem Hügel und wird gerade renoviert, darum ist es geöffnet. Bhila freut sich sehr darüber und meint, dass wir das meinem guten Karma zu verdanken hätten. Das werde ich noch oft zu hören bekommen.

Der Innenraum wirkt wie ein Holzlager. Der Besitzer eilt herbei und begrüsst uns. Er finanziert die Renovation aus eigenen Mitteln und möchte den Tempel als Meditationszentrum für Touristen herrichten. Der Ort ist von wilder Romantik, bemooste Chörten, überwucherte Gebetssteine, Mauerresten, rundum lichter Kastanienwald. Dass es diesen Ashram-Tourismus noch gibt, überrascht mich. Auch das «Bamboo Retreat» in Rumtek, wo meine Reise begonnen hat, ist mit einem Meditationsraum eingerichtet.

Etwas abseits des Hauptgebäudes befindet sich ein offener Pavillon. Dort setzen wir uns auf die Betonmauer, essen unser englisch inspiriertes Sandwich, das uns das Hotel mitgegeben hat, und die Somosas, die Bhila in Rinchenpong Bazar gekauft hat.

Auf dem Rückweg durch den nebligen Kastanienwald schreiten wir locker aus. Die Hunde sind nirgends zu sehen. Ich geniesse die Stille und das beschwingte Gehen auf dem weichen Weg.

Die Siesta im Bungalow mit einem Chai Masala erfrischt mich. Um 15 Uhr fahren wir erneut die Holperstrasse ins Dorf hinauf. Noch immer fällt leichter Regen, Nebelregen wäre die treffende

Bezeichnung. Die Temperatur liegt bei 17 °C. Ashis ist noch immer etwas zurückhaltend wegen der vergessenen Schuhe oder vielmehr – so vermute ich – wegen meiner unwirschen Reaktion. Das ist mir nicht recht. Inzwischen habe ich über das Missgeschick nachgedacht und greife das Thema nochmals auf. Er hat die Wanderschuhe neben der Treppe deponiert in der Annahme, dass ich sie ins Zimmer mitnehmen würde. Meine Annahme, dass er sie hinten ins Auto legen würde, erwies sich als genauso falsch. Jetzt im Nachhinein ist uns klar, dass wir beide die Schuhe ganz einfach vergessen hatten. Ich entschuldige mich und er entschuldigt sich, und wir lachen über unser gegenseitiges Entschuldigen, weil jeder findet, er sei mehr schuld als der andere.

Wir sind unterwegs zum Rinchenpong Monastery, wo wir beim Abendgebet dabei sein dürfen. Bevor es beginnt, besichtigen wir das Innere des Tempels, und ich darf wiederum fotografieren. Als wir vorne beim Altar stehen, zwickt es mich am Fuss, ein Gefühl, als wenn ein Insekt in meinem Schuh herumkrabbeln würde. Zuerst versuche ich es zu ignorieren, aber das Unbehagen ist zu gross und treibt mich fluchtartig nach draussen, wo ich mich von Schuh und Socke befreie und einen Moment lang erschreckt auf meinen blutverschmierten Fuss starre. An der grossen Zehe hängt ein Blutegel. Ich werfe ihn fort und dummerweise fällt er in einen Zwischenraum des Kunststoffteppichs, der vor der Klostertreppe liegt. Nun ist es Bhila, der sich um den Egel kümmert und ihn mit einem Hölzchen herausklaubt. Bliebe er drin, würde er sich, gut genährt, wie er nun ist, vermehren. Ich ziehe meine blutverschmierte Socke wieder an und schlüpfe in den Turnschuh. Noch lange irritiert mich das feuchte Fussklima. Ich muss noch einmal nachschauen, ob sich auch wirklich nichts mehr in meiner Socke befindet. Immerhin wird die Wartezeit bis zum Beginn der Feier durch diesen interessanten Vorfall belebt.

Ein etwa zwölfjähriger Mönch schlägt den Gong viele Male in immer kürzeren Abständen. Die Schüler trudeln zum Abendgebet ein. Es pressiert ihnen nicht. Wir warten beim Eingang, bis alle sitzen. Dann dürfen wir uns gleich neben der Tür an die Wand setzen. Mittlerweile weiss ich, dass es am besten ist, wenn ich den Rucksack anbehalte, er dient mit als Rückenlehne und ermöglicht eine bequeme Sitzposition. Ich verschränke die Beine, wie Bhila es tut, und beobachte, was um mich herum geschieht. Obwohl ich fotografieren dürfte, lasse ich es bleiben. Ich falle schon so genug auf. Doch ganz ohne Dokumentation werde ich den Tempel nicht verlassen. In meiner Tasche steckt das Smartphone mit eingeschalteter Tonaufnahme. Das Alter der Mönche reicht von fünf bis siebzig Jahre. Klosterschulen sind für Knaben oft die einzige Möglichkeit, Bildung zu erhalten. Der Jüngste der Buben sitzt in meiner Nähe. Er kämpft mit der Langeweile, beschäftigt sich mit kleinen Spielen, zieht aus dem Zipfel seines roten Umhangs einen Faden. Er singt und betet wie die Grossen. Instrumente werden gespielt, einfachere als in andern Klöstern. Es scheint, dass die Trompeten mehr Puste verlangen. Gesänge und Gebete wechseln sich ab. Die Mönche führen rituelle Handbewegungen aus und schnippen mit den Fingern, wie ich es in Nepal gesehen habe. Ab und zu schläft einer ein. Das scheint niemanden zu stören. Als die Wasserschalen auf dem Altar geleert werden, weiss ich, dass die Feier zu Ende geht. Die Mönche wickeln ihre Gebetsbücher in Tücher und singen ein melodiöses, beschwingtes Lied zum Abschluss. Nach einer Stunde ist das tägliche Abendgebet beendet. Ohne Hektik stehen die Mönche auf und begeben sich nach draussen. Mein Aufstehen geht nicht so locker vonstatten: die Fussgelenke etwas bewegen, die Knie durchstecken, langsam aufstehen, einen vorsichtigen Schritt nach dem andern machen. Wahrscheinlich merkt nicht einmal Bhila, dass «Mädm» auf eingeschlafenen Beinen steht.

Wir schauen den Mönchen nach, die in Einerkolonne hinter dem Kloster verschwinden. Viele Füsse stecken in Crocs. Es sind Crocs aus China, wie mich Bhila aufklärt, das sehe man der Farbe an.

Der Kleinste Mönch ist vierjährig. Also noch jünger, als ich geschätzt habe. Dass dieses Kind, das seine Mutter noch brauchen würde, bereits in einer Männergemeinschaft lebt, ist ein schmerzlicher Gedanke. Wie viel Geborgenheit eine Klosterschule bietet, weiss ich nicht. Die Kindermönche lernen durch Nachahmen und Nachsprechen, sie brauchen nichts zu verstehen, weil das von selbst komme, wenn die Reife stimme.

Im Auto sagt Ashis, dass ich den Blutegel bestimmt in der Wiese beim Hotel aufgelesen hätte. Man sollte nicht einfach so über Wiesen laufen. Hier beim Kloster habe er keine gesehen.

Nachdem sie mich zur Lodge gebracht haben, fahren sie wieder ins Dorf hinauf zu Ashis Verwandten, wo sie übernachten und den Abend in einer fröhlichen Runde verbringen werden.

Es hat wieder zu regnen begonnen, und es scheint, dass ich die einzige bin, die das wahrnimmt. Vor meiner schmalen Veranda liegt ein grosser Acker, umgeben von Wald. Am rechten Rand steht ein offener Stall mit Kühen. Der Mann, der die Tiere versorgt, verrichtet seine Arbeit ohne Regenschutz, ebenfalls die Frau, die an meiner Veranda vorbeigeht. Sie trägt eine Strickjacke, und ich frage mich, wie sie je wieder trocknen soll bei diesem kühlen und feuchten Wetter.

Mein Gastgeber wirkt wie verwandelt, aufgeräumt und freundlich. Ein englisches Paar ist angekommen. Um 18 Uhr klopft er an meine Hüttentür. Das Essen ist heute etwas früher bereit. Ich muss mich den neuen Gästen anpassen. Doch zu meiner Freude gibt es eine herrliche Vielfalt von Speisen. Der Chef serviert persönlich, nicht ganz so freundlich wie der fröhliche junge Mann, aber er gibt sein Bestes. Auberginen mit Frischkäse, Ladyfingers, ein bisschen angebraten und gut gewürzt, Kartoffeln, Dal und Bittergard, eine warzige Gurke, die ich auf dem Markt in Gangtok gesehen habe. Die Bittergard (Bittergurke oder Bittermelone) wird von den Kernen befreit, in dünne Ringe geschnitten und gebraten. Wie der Name sagt, schmeckt sie etwas bitter. Der unbekannte Geschmack löst Neugier aus, so dass ich nochmals und nochmals probiere. Falls ich diese Bittergurke bei uns entdecke, werde ich einen Kochversuch starten.

Um 19.30 Uhr bin ich bereits wieder in meinem Bungalow und entdecke prompt einen Blutegel aussen am Schuh. Später merke ich, dass die Saugwunde am grossen Zeh erneut blutet und klebe ein Pflaster drauf. Nun verstehe ich auch die Besorgnis des Chefs, der mir dringend empfohlen hat, die Wunde zu pflegen. Verschmutzte Leintücher sind kein Spass.

Dann fällt der Strom aus. Die Stirnlampe hilft mir. Die Kerze auf dem Tisch stelle ich ins dafür vorgesehene Glas und zünde sie an. Es regnet immer heftiger. Auf die hellen Blitze folgt Donner. Nach einer halben Stunde ist das Licht wieder da. Als ich im Bett liege und lese, fällt es erneut aus. Die Stirnlampe zieht jedes Insekt im Zimmer an. Schon bald umschwirren kleine Fruchtfliegen meine Nase. So lege ich die Stirnlampe auf den Nachttisch, richte sie gegen die Wand und lese bei indirektem Licht. Der Regen trommelt aufs Blechdach. Pausenlos zucken Blitze, begleitet von heftigem Donnergrollen. Ich fühle mich etwas ausgesetzt in meinem runden Häuschen inmitten der hügligen Landschaft mit den steilen Hängen.

Mein Bungalow in Rinchenpong

Proviant für unterwegs

Fahrt nach Pelling zum Kloster Pemayangtse

Gegen Morgen erwache ich frierend und sehe auf meiner Multifunktionsuhr, dass die Temperatur auf 13 °C gefallen ist. Noch immer kein Strom. Ich bleibe vorerst unter der warmen Decke.

Später öffne ich die Vorhänge. Die Sonne blendet. Strahlendes Wetter, blauer Himmel, weisse Bergspitzen am Horizont. Endlich zeigt sich die Landschaft in ihrer ganzen Schönheit. Ich erkenne den Kangchendzönga am Horizont. Er ist mit seinen 8586 m ü. M. der dritthöchste Berg der Welt. Wieder einmal verstehe ich gut, dass die Natur als Gottheit verehrt wird, wenn sie sich wie heute nach dieser langen Nacht mit heftigen Gewittern so erhaben präsentiert. Ich setze mich auf die Veranda und lasse mich von der Sonne wärmen. Die paar feuchten Kleidungsstücke, die ich aufs Geländer gelegt habe, werden hoffentlich bald trocken sein.

Um 8 Uhr gibt es Frühstück. Ich sitze am langen Tisch im Speiseraum und blicke aus dem Fenster. Von hier oben sieht man die Berge noch schöner. Die freundliche einheimische Frau bringt mir ein Glas mit rotem Saft. Sie sagt, er sei frisch gepresst. Ich probiere ein wenig, kann ihn jedoch nicht einordnen. Farbe und Geschmack erinnern an Wassermelone, die Konsistenz passt eher nicht.

Bhila sagt mir später, dass man die Frucht Mawsami nenne. Ich nehme an, dass es eine lokale Bezeichnung ist, da ich den Begriff nirgends finden konnte.

85

Danach serviert mir der fröhliche junge Mann einen «Porridge Sikkim», eine Reissuppe, die sehr gut schmeckt. Das Eier-Omelett mit Zwiebeln und Tomatenwürfeln ist mit frischen Chili-Schoten gewürzt.

Ich wünsche dem britischen Paar, das etwas später zum Frühstück kommt, einen schönen Tag, nehme den Tee mit zum Bungalow und geniesse ihn auf meiner Veranda mit Aussicht.

Um 9 Uhr steht das Auto frisch gewaschen bereit. Meine Begleiter sind gut gelaunt, einer versorgt das Gepäck, der andere hält mir die Tür auf.

Schneller als 10 km/h können wir auf der Schotterpiste hinauf ins Dorf nicht fahren. Auch heute sitzen da und dort Leute in Gruppen zusammen, zerklopfen Steine und werfen sie auf die pyramidenförmigen Haufen, was von Ashis vorsichtige Lenkmanöver erfordert.

Von Rinchenpong Bazar aus fahren wir auf einer Höhe von 1800 bis 2000 m ü. M. auf einer schmalen und oft holperigen Strasse unserem nächsten Ziel entgegen. Tief unten im Taleinschnitt schlängelt sich ein Fluss durchs Gebirge. Die Hänge sind locker besiedelt. In dieser Gegend wird vor allem Kardamom angebaut. Es gibt eine Sammelstelle für die Ernten. Kardamom kann zu einem guten Preis exportiert werden. Fast alle Familien pflanzen in ihren Gärten solche Stauden an, und es werden immer mehr. Zur Zeit ist der braune Kardamom gefragt, der im Geschmack etwas kräftiger ist als der grüne. Beide Sorten werden in der indischen, asiatischen und orientalischen Küche verwendet. Er wird hier, wie ich später erfahre, über dem Feuer getrocknet, was ihm einen rauchigen Geschmack verleiht. Man sieht den Häusern den bescheidenen Wohlstand an, den die Menschen dem Gewürz verdanken.

Am Strassenrand steht ein Tata Nano. Grund für einen Halt. Das Auto der Zukunft, klein und smart, konstruiert für ein bescheidenes Budget. Es kostet etwa 2,5 Lakh (1 Lakh = 100 000 Rupien). Die Männer inspizieren es und fordern mich auf, dieses spezielle Auto doch zu fotografieren. Ich tue ihnen den Gefallen.

Wir spazieren bis zur nächsten Kurve. Bhila zeigt auf die andere Talseite, wo uns die Strasse durchführen wird. Noch weit entfernt windet sie sich 1000 Meter zum Fluss hinunter, überquert die Brücke, um sich am gegenüberliegenden Hang wieder hoch zu schlängeln. Es gibt keine Abkürzung, wir müssen das Tal quasi ausfahren.

Am rechten Strassenrand bewegt sich etwas. Bhila hält mich zurück. Ein Mungo spaziert auf die Fahrbahn und folgt ihr ein ganzes Stück. Wir gehen hinter ihm her. Er ist langsam unterwegs und beachtet uns nicht. Bhila vermutet, dass er verletzt ist. Sein Kopf sieht etwas unförmig aus. Als ein Auto entgegenkommt, klettert er die Böschung hinauf.

Mungos sind Raubtiere und etwas kleiner als unsere Marder. Bhila erzählt, dass die Tiere auf Bäume klettern und ihre Kothäufchen in Astgabeln deponieren. Da sie sehr gern Kardamom fressen, den Samen jedoch nicht verdauen können, wird dieser wieder ausgeschieden. In Bhilas Dorf stiegen sie früher als Kinder auf solche Bäume hinauf, sammelten die Häufchen ein und wuschen die Samenkörner heraus. Für die Samen wurde ein höherer Preis bezahlt als für die ganzen Kapseln. Ich verkneife mir einen Kommentar. Wir haben definitiv ein anderes Verhältnis zu Ausscheidungen. Bhila erzählt mir später, dass Leute sogar Kuh-Urin in Flaschen kaufen, weil er so wertvoll ist. Sie düngen ihre Topfpflanzen damit.

Tanken ist für mich eine attraktive Abwechslung und Gelegenheit, die Leute in ihrem Alltag zu beobachten. Ashis hat während des Prozesses nichts zu tun. Ein junger Mann mit Baseballmütze übernimmt die Aufgabe und bedient die Zapfsäule mit Benzin und Diesel. Man steht herum und plaudert. Für mich gibt es sogar eine Toilette.

Später werden die Hänge fruchtbarer und die Talsohle breiter. Bald sehen wir etwas tiefer gelegen eine locker besiedelte

Ebene. Die Ansammlung von farbigen, zum Teil unfertigen Häusern gehört zu Dentam. Gegen 11 Uhr sind wir dort. Wir besichtigen eine Käsefabrik, die mit «Swiss technical Collaboration» aufgebaut worden ist. In der sauberen Molkerei mit weiss geplätteten Wänden stehen zwei blitzblanke Chromstahlkessel. An einem Kiosk werden die hergestellten Produkte verkauft. Bhila lässt sich vakuumverpackte Käsewürfel und Schweizer Schokolade zeigen. Leider verärgere ich mit meiner Einmischung den Mann hinter der Theke. Ich sage, dass die Schokolade bestimmt nicht aus der Schweiz stamme, sondern made in India sei. Das stimmt natürlich, aber soll man sie deswegen nicht essen? Bhila kauft sie nicht. Und ich ernte einen vernichtenden Blick.

Unterwegs probieren wir die Käsewürfel, sie schmecken vorzüglich! Ich verwünsche meine unbedachte Äusserung. Vielleicht wollte Bhila etwas Schokolade zum Verschenken mitnehmen oder als Snack für zwischendurch. Was geht es mich an? Nur das Beste ist gut genug – klassische Überheblichkeit.

In Dentam Bazar findet ein Waren- und Gemüsemarkt statt. Bhila sucht noch immer nach einem Leuchtstift, um auf meiner Karte die Routen markieren zu können. Unterdessen spaziere ich über den Markt und merke, dass ich auffalle. Ich muss exotisch wirken mit der blauen Wanderhose und den Sportschuhen. Das schliesse ich aus den Blicken der Leute.

Auf der andern Strassenseite steht ein Hindutempel, auf dessen Vorplatz ein riesiger Baum mit einem mächtigen, vielfach verzweigten Stamm wächst. Bhila schildert mir eine hier übliche Heiratszeremonie, bei der sich die Frau zuerst mit diesem Baum vermählen muss, bevor sie die Ehe mit einem Mann eingehen kann.

Die weitere Fahrt führt uns zur Singsore Bridge, der zweithöchsten Hängebrücke Asiens, einer Touristenattraktion vor allem für indische Familien. Es gibt beim Brückenkopf ein paar Häuser und Hütten, dazwischen einen runden Springbrunnen, der nicht mehr springt. Die Toilette befindet sich abseits. Das erste Mal ohne Wasser. Später beobachte ich einen Mann, der mit einem Plastikeimer Wasser aus dem Springbrunnen holt, um zu spülen.

Bhila und Ashis haben das Frühstück verpasst und brauchen dringend etwas zu essen. Es ist ihnen sehr willkommen, dass ich die Brücke allein begehe. Touristen, Gruppen, Paare, Familien bummeln an mir vorbei und fotografieren. Wie überall sind Selfies beliebt.

Auf der andern Brückenseite befinden sich ebenfalls ein paar Gebäude, die jedoch geschlossen sind. Gedenktafeln mit den Namen der beteiligten Ingenieure und weiterer Informationen über die Konstruktion der Brücke vermitteln Wissenswertes, Kritzeleien von «Love» bis «I was here» eher Belangloses. Ich spaziere noch etwas weiter die Strasse hoch, die nach Uttary führt, einem Ort, der Ausgangspunkt für Trekkings ist.

Als ich alles ausgiebig angeschaut und ein paar Fotos gemacht habe, gehe ich zurück und finde die zwei Männer in einer Imbissbude. Sie sind die einzigen Gäste. Der Raum mit Küche, Theke und vier Tischen ist ohne künstliches Licht und entsprechend dunkel. Auf der linken Seite, wo ich Ashis erkenne, steht ein Bett an der Wand, das als Sitzbank dient, die Matratze ist mit Stoff in grünweissem Rautenmuster bezogen. Auf dem Tisch liegt ein bunt gewürfeltes Plastiktischtuch. Bhila sitzt auf einem der Kunststoffstühle, wie es sie überall auf der Welt gibt. Jetzt wo sich meine Augen an die Dunkelheit gewöhnt haben, wirken die Farben frisch. Wie immer interessiert es mich, was die beiden essen. «Ja, gern», antworte ich, als sie fragen, ob ich das ebenfalls probieren wolle. Es gibt Roti, Gemüse aus Farn, Rettich-Pickels und eine Suppe mit Keimlingen.

Während ich auf die Mahlzeit warte, schaue ich den beiden Frauen bei der Arbeit zu. Die eine stellt Teig her. Dazu hockt sie auf einem niedrigen Schemel, das Plastikbecken mit dem Mehl zwischen den angewinkelten Beinen am Boden. Aus einem Krug gibt sie nach und nach Wasser zum Mehl und knetet die Masse zu einem Teigballen. Ihr dunkles Haar liegt offen auf den Schultern. Der rote Punkt auf der Stirn und der Farbton der geschminkten Lippen sind aufeinander abgestimmt. Die etwa dreissigjährige Frau trägt ein türkisfarbenes T-Shirt, dazu eine dunkelblaue, weiss getüpfelte Hose, einen umgebundenen Schal als Bund. Hinter ihr an der Wand steht ein Regal, das aus den Hälften eines längs gespaltenen Baumstamms besteht, dazwischen sind mehrere dunkelgrün gestrichene Tablare montiert. Tassen, Gläser, Teller, Schalen, Schüsseln und verschiedene Gefässe reihen sich in ordentlichen Stapeln an- und übereinander, ebenso Putzmittel, Küchentücher, Blechkanister und verschiedene Plastikbecken. Rechts davon entdecke ich eine Propangas-Flasche, auf der andern Seite einen direkt auf den Lehmboden gemauerten Waschbereich. Etwas erhöht steht der Wassertank – ich schätze den Inhalt auf zehn Liter – mit einem kleinen Hahn. Bambusrohre dienen als Streben und Stützen. Die andere, etwas ältere Frau im leuchtend orangen T-Shirt steht hinter der Küchentheke. Sie zupft von einem grossen Stück Teig kleine Portionen und formt sie zu Bällchen, die später ausgewallt und zu Roti oder Somosas verarbeitet werden. Im Ofen brennt Feuer. Das Brennholz ist auf den eingebauten Regalen bis unter die Decke geschichtet, so dass den Frauen möglichst viel Platz zum Arbeiten bleibt. Der Waschbereich wird für alles benützt, was Wasser benötigt: Hände und Wäsche waschen, Geschirr, Kochtöpfe, Gläser spülen … Trotz der Sorgfalt ist die Hygiene unter solchen Umständen ein Problem. Wie oder wo der Wassertank nachgefüllt wird, weiss ich nicht. Trotz meiner Bedenken kann ich der Versuchung nicht widerstehen und geniesse die schmackhafte Mahlzeit.

Um wieder auf die Route nach Pelling zu gelangen, müssen wir ein Stück zurückfahren. Nun geht es hinunter zum Fluss und erneut hinauf. Bald zeigt sich auf der andern Talseite die Strasse, die uns von Rinchenpong Bazar hergeführt hat. Nach einer weiteren halben Stunde Fahrt gelangen wir zu einem Wasserfall, nicht sehr spektakulär, dennoch steige ich aus und beobachte, wie eine indische Grossfamilie das Naturschauspiel geniesst. Obwohl es wenig Verkehr und noch weniger Touristen gibt, achtet ein Polizist darauf, dass nichts passiert, da der Bach über die Strasse fliesst.

Wir erreichen Pelling bereits um 13 Uhr und wandern zuerst zu den Ruinen der ehemaligen königlichen Hauptstadt Rabdentse. Der Weg führt durch einen angenehm schattigen Kastanienwald zur restaurierten, gut unterhaltenen und gepflegten Anlage. Sie bietet einen herrlichen Rundblick über die unzähligen Bergrippen und Täler. Um die weissen Spitzen des Kangchendzönga zu sehen, ist die Luft zu dunstig.

Eine paar junge Männer bemühen sich, ihren offensichtlich betrunkenen Kollegen, der sich grölend als Herrscher inszeniert, in Schach zu halten. Wir machen einen grossen Bogen um ihn herum und gehen zurück zum Auto.

Das 1705 gegründete Kloster Pemayangtse liegt wie auch Pelling auf über 2000 m ü. M. und gehört in Sikkim zu den ältesten Klöstern der Nyingma-Schule. 1913 wurde es durch ein Erdbeben zerstört und wieder aufgebaut. Im Estrich des Klosters befindet sich ein siebenstöckiges gesägtes, geschnitztes und in leuchtenden Farben bemaltes, filigranes Holzkunstwerk, erschaffen von einem einarmigen Mönch. Er soll fünf Jahre daran gearbeitet haben. Zum Schutz ist es hinter Glas. Das religiöse Kunstwerk symbolisiert die sieben Himmel und zeigt paradiesische Szenen mit Naturwundern und Gottheiten, es soll Guru Rinpoches Sitz im Jenseits darstellen. Das wie ein dreidimensionaler Scherenschnitt wirkende Werk, mit einer Grundfläche von ungefähr neun Quadratmetern und einer geschätzten Höhe von fünf Metern heisst «Seven steps to nirvana» und ist etwas vom Schönsten, das ich je gesehen habe. Leider – und diesmal bedaure ich es wirklich – ist fotografieren verboten. Diesem herrlichen Werk gehört meine uneingeschränkte Bewunderung. Ich kann mir die Zeit nicht nehmen, die ich brauchen würde, um alles ganz genau anzuschauen. Ich müsste mehrmals herkommen können. Die Wandbilder rundum, die

Vereinigungs-Szenen zeigen, sind verhängt, um sie vor neugierigen Touristenblicken zu schützen.

Draussen treffe ich auf bekannte Gesichter. Die deutschen Gäste vom «Bamboo Retreat» sind ebenfalls hier. Sie begrüssen mich wie eine alte Bekannte. Ohne dass sie es wissen, sind in ihrem Auto meine im weissen Stoffbeutel verpackten Schuhe mitgefahren. Ashis holt sie bei seinem Kollegen ab. Ich bin sehr froh, dass ich für die morgige Wanderung wieder die festen, bequemen Schuhe anziehen kann.

Die Strasse nach Chumbung, wo ich übernachten werde, führt ein rechtes Stück talwärts. Das Guesthouse «Retreat 108» ist eine hübsche Anlage mit Bungalows. Auch hier beziehe ich mein eigenes kleines Haus – und bin einziger Gast.

Die Berge sind wolkenverhangen, es nieselt und regnet abwechslungsweise. So sitze ich unter dem Dach der Holzveranda und trinke Tee mit Milch, Zucker und schwarzem Pfeffer. WiFi gibt es nicht, und das SMS an meinen Mann geht erst beim zweiten Anlauf raus. Der Zufall will es, dass er zur genau gleichen Zeit an mich schreibt. Unsere Botschaften kreuzen sich. Wo eigentlich?

Als ich zum Essen ins Hauptgebäude hinübergehe, empfängt mich der Chef persönlich. Er ist mit einer Cousine von Bhila verheiratet. Da niemand hier ist ausser mir, erhalte ich seine uneingeschränkte Aufmerksamkeit und Zuwendung. Ich sitze auf einer kleinen Bank mit Rückenlehne und strecke die Beine unter den niedrigen Tisch. Das traditionelle Essen wird mir auf einem Messingteller serviert, in der Mitte Reis, rundherum kleine Schalen mit Beilagen: Farn und andere Gemüse, Frischkäse-Bällchen mit Nudeln und Brennnesselsuppe.

Soll ich mit der Suppe beginnen? Ich nütze die Gelegenheit und frage den Chef, ob ich die Suppe vorher, nachher oder dazu essen soll. Nach seiner Anleitung gebe ich etwas Suppe über den Reis, mische von den Beilagen mit den Fingern kleine Portionen dazu, verknete alles und schiebe es in den Mund. Ich fühle mich etwas gehemmt und auch ungeschickt. Bhila soll es mir zeigen. Er holt ihn aus der Küche, wo die Angestellten zusammen essen, damit er mich anleiten kann.

Sicher hat Bhila seinen Teller noch einmal tüchtig gefüllt. Er lächelt stolz und nimmt sich der Aufgabe an. Ich gebe mein Bestes, jedoch ist und bleibt es eine tropfende Angelegenheit. Ich weiss, dass es den Leuten hier nicht so gut schmeckt, wenn sie mit Besteck hantieren müssen, und mir schmeckt es nicht so gut, wenn ich über dem Teller hänge und mit verschmierten Fingern Halbflüssiges in den Mund befördere. Doch als Experiment ist es spannend, und wir haben Spass zusammen – auch der zuschauende Chef.

Es ist üblich, dass man sofort nach dem Essen aufsteht und geht. Und doch bin ich jedes Mal wieder überrascht davon. Es fehlt der Ausklang, auch weil es kein Dessert gibt. Der gemütliche Teil hat beim Warten auf das Essen bereits stattgefunden. Nun begleitet mich der Chef zu meinem Häuschen, öffnet das Vorhängeschloss an der Türe, will mir noch zeigen, wie man den Wasserkocher bedient, was ich dankend ablehne. Für mein Bedürfnis hat er seine Betreuungsaufgabe mehr als erfüllt.

Natürlich überlege ich nachher, was er von mir erwartet hat, ob sein Angebot wirklich nur reine Freundlichkeit gewesen ist. Vielleicht wollte er schauen, ob der Boiler ausgeschaltet war. Wie wichtig das ist, hat mir der Mann am Nachmittag beim Einschalten schon erklärt. Es gibt immer wieder Stromausfälle, so auch in dieser Nacht.

Als ich im Bett liege, beginnt mein Bauch zu grollen. Es erstaunt mich nicht. Die Mahlzeit bei der Singsore Bridge macht sich bemerkbar. Ich habe gewusst, dass ich dort nicht essen sollte. Ich helfe meinem Bauch, indem ich ihn langsam im Uhrzeigersinn massiere, das löst die Krämpfe und regt gleichzeitig die Darmtätigkeit an. Ein paarmal renne ich auf die Toilette. Danach ist es vorbei.

Blick auf Dentam

Milchverarbeitung in Dentam

Wanderung vom Khecheopalri See nach Yuksam

Um 3 Uhr morgens schaue ich aus dem Fenster. Der Himmel ist sternenklar, die weissen Bergspitzen leuchten im hellen Mondlicht. Um 5 Uhr stehe ich auf. In meinem Bauch beginnt es wieder zu rumpeln, so schlucke ich vorsichtshalber ein Imodium. Die Stirnlampe liegt auf dem Nachttisch bereit. Angezogen bin ich schnell. Zähne putzen, kämmen, schon klopft Bhila an die Tür. Das schöne Wetter, sagt er, hätten wir – einmal mehr – meinem guten Karma zu verdanken.

Ashis sitzt bereits am Steuer. Wir fahren hinauf nach Pelling zum Helikopterlandeplatz, der auf einem Hügel liegt. Als wir eintreffen – genau zur richtigen Zeit – geht die Sonne auf und setzt das Kangchendzönga-Massiv ins schönste Licht. Ein paar indische Touristen feiern das Naturschauspiel, was nicht leise geschieht. Die Sonne geht für alle auf, authentisch ist die Stimmung allemal.

Bhila zeigt mir den Mount Everest, unverkennbar in seiner Form. Dann fotografieren wir uns gegenseitig mit dem herrlichen Panorama im Hintergrund.

Ich versuche mich an die Sage von den versteckten Schätzen zu erinnern, die mir Bhila erzählt hat. Ein Guru kam aus Tibet, sah die Reichtümer Sikkims und versteckte sie auf den fünf höchsten Gipfeln, wo sie sich noch heute befinden. Das Kangchendzönga-Massiv, was «Five Treasures of the Snow» bedeutet, besteht aus diesen fünf Bergen. Noch heute sind sie heilig und dürfen nicht bestiegen werden.

Zurück in der Lodge, setze ich mich in den Garten, weil es draussen wärmer ist als im Zimmer. Ein Plastiksack auf dem noch feuchten Baumstrunk dient mir als Isolation. Der Tisch besteht aus einem Stück Stamm mit einer Holzscheibe darauf, so dass ich meine Notizen nachführen kann. Der Hund des Hauses leistet mir Gesellschaft, ein alter Golden Retriever, der leider stark riecht und für mein Wohlbefinden nach dieser halb durchwachten Nacht nicht förderlich ist. Ich versuche ihn zu ignorieren, weil ich weiss, dass es Hunden wie Menschen langweilig wird, wenn die gewünschte Reaktion ausbleibt. Wir haben beide viel Ausdauer. Als sich beim Kücheneingang etwas tut, zottelt er davon.

Das Frühstück esse ich an einem kleinen Tisch, der extra dafür in den Garten gebracht wird. Gebratener Reis, Pickels, eine Omelette mit Toast und eine Tasse belebender Tee mit schwarzem Pfeffer. Die Sonne wärmt, und ich geniesse meinen Privatgarten mit Aussicht. Es ist unglaublich schön hier, eine strohgedeckte Pergola mit Holzschaukel, Bambus, Sträucher, Büsche und Bäume, am Horizont die Gipfel der höchsten Berge der Welt.

Vor der Abreise bringe ich ein kleines Trinkgeld in die Küche, was bescheiden aber freudig angenommen wird. Um 8.30 Uhr fahren wir los.

Unser nächstes Ziel ist das Sanghak Chöling Monastery, das zum Nyingma-Orden gehört. Es stammt aus dem 17. Jahrhundert, ist mehrmals abgebrannt und wieder aufgebaut worden. Wir wandern auf einer Strasse, die sich im Bau befindet. Das Schotterbett ist fertig, es fahren bereits einzelne Autos und vor allem riesige Lastwagen hoch. Am Himmel, der vor kurzem noch klar war, bilden sich Wolken. Bhila erzählt mir von seinem Dairy-Projekt. Wie oft auf unseren Spaziergängen bleiben wir stehen, wenn wir reden. Ich habe mich daran gewöhnt und denke nicht mehr an die Zeit.

Sikkims Regierung fördert Kursprogramme für junge Leute, um ihnen eine Möglichkeit zu bieten, sich beruflich selbständig zu machen. Da Bhilas Familie Land besitzt, hat er sich für «Dairy-Farming» entschieden und sich beim Rural Self Employment Training Institute für den Kurs beworben. Letztes Jahr hat er ihn erfolgreich abgeschlossen. Nun wartet er auf den Kredit von fünf Lakh, den er nach absolvierter Ausbildung beim Staat beantragen konnte. Das Zinslose Darlehen bildet das Startkapital. Zwei Drittel davon müssen in vorgegebenen Raten zurückbezahlt werden.

Ich bin beeindruckt von seiner Schilderung. Die Ausbildung beinhaltet auch ethische und soziale Aspekte. Eigentlich hat er sich im Kurs einen fertigen Businessplan erarbeitet. Zuerst will er einen Stall mit Zementfundament für vier bis fünf Tiere bauen. Dann Kühe kaufen, die zehn bis zwölf Liter Milch geben pro Tag und etwa 60 000 Rupien kosten pro Tier, was eine Transportmöglichkeit bedingt. Die lokalen Kühe, von denen hier die meisten Familien ein, zwei Tiere besitzen, decken mit fünf Litern pro Tag gerade den eigenen Bedarf, verkauft wird nichts. Die Rechnung mit dem Milchpreis hat er ebenfalls gemacht. Von der Milchunion wird er dreissig Rupien pro Liter erhalten. Da die Kühe nicht zu jeder Jahreszeit gleichviel Milch geben, rechnet er mit einem Durchschnittswert. Ebenfalls wichtig ist das richtige Futter, er hat sich nach Grassorten erkundigt, die er auf seinem Land aussäen kann. Ein grosser Kühlschrank ist nötig, um Produkte wie Käse und Joghurt kühl zu halten. Vier Monate nach dem Start wird er wissen, ob die Rechnung aufgeht und er seine Milchfarm wie geplant weiterführen und ausbauen kann.

Ashis, der uns begleitet, kehrt plötzlich um. Er geht zurück zum Auto. Warum er es so eilig hat, erklärt er mir später. In West-Sikkim gibt es Banden, die an Touristenorten auf Ersatzteil-Diebstahl aus sind. Sie interessieren sich nicht für das Gepäck im Auto, sondern für alles, was von aussen abmontiert werden kann. Unterwegs zum Kloster ist ihm nun bewusst geworden, dass dort, wo er das Auto parkiert hat, ein paar Autos mit West-Sikkim Nummern standen. In der Nähe tummelten sich junge Männer, das war mir ebenfalls aufgefallen.

Eine gelbe Tafel mit roter Schrift informiert über die Geschichte des Klosters. Gegründet wurde es 1642 von Lama Lhatsun Chenpo Namkha Jigmee. Der Name des Klosters bedeutet «Das Land der heiligen Lehre». 1966 wurde es zum letzten Mal renoviert.

Die Wandbilder im Eingangsbereich des Tempels leuchten in kräftigen Farben. Eines zeigt die Fabel der vier Freunde, ein Elefant auf dessen Rücken ein Affe hockt, auf dem Affen ein Hase und auf dem Hasen ein Vogel. Die Geschichte symbolisiert das friedliche und heilbringende Zusammenwirken der Lebewesen. Neben den Tieren sitzt ein meditierender Heiliger am Boden, in der einen Hand hält er eine Gebetskette, in der andern eine Kanne, aus der Wasser in eine Schale fliesst. Blumen, Bäume, Flüsse, grüne Berge, weisse Gipfel und Wolken am blauen Himmel bilden den Hintergrund. Das Bild links davon zeigt Manifestationen von Guru Rinpoche, blaue und rote Gesichter in einer mystischen Umgebung, verschlungene Ornamente in kräftigen Farben.

Gleichzeitig mit uns besichtigt ein Schwarm Franzosen den Tempel. Dass sich die Leute über das Fotografier-Verbot im Innern hinwegsetzen, scheint niemanden zu kümmern. Es ist das erste Mal auf dieser Reise, dass ich mit einer grösseren Gruppe zusammentreffe.

Der Tempel liegt auf einer Bergrippe und bietet eine bestechende Aussicht auf Pelling und die umliegende Hügellandschaft mit steilen Hängen und tiefen Tälern. Neben dem Kloster flattern Gebetsfahnen. Die goldenen Spitzen der Chörten leuchten im Licht. Als ich fertig fotografiert habe, kommt ein Kindermönch zu mir und will mir etwas geben. Es dauert einen Moment, bis ich verstehe und meine Hand öffne. Er schenkt mir zwei Bonbons.

Bhila erklärt es mir folgendermassen: Bei Tempelbesuchen wird viel gespendet, nicht nur Geld wird auf die Altare gelegt, sondern auch Süssigkeiten, Chips, Nüsse und andere abgepackte Snacks. Ein Teil dieser Sachen wird als Gabe des Himmels wieder verteilt.

Auf dem groben Schotterbett der Strasse wandern wir an unseren Ausgangspunkt zurück. Die silbernen und goldenen Einschlüsse der Steinsplitter funkeln. Ich versuche den Effekt zu fotografieren, was nicht gelingt.

Wir fahren vorbei an Darap, Rimbi, Melli, alles kleine Orte, die am Weg zum Ausgangspunkt für unsere Wanderung liegen. Eine Ansammlung von Kiosken und parkierten Autos weist darauf hin, dass wir angekommen sind. Bhila kauft Tourenproviant ein. Ashis leistet mir Gesellschaft beim Teetrinken und erzählt von einem Pilgerweg in Bihar, der 108 km lang ist und zu einem Tempel des Hindugottes Shiva, Erbauer und Zerstörer, führt. Die Pilger tragen zwei Schüsseln Wasser und gehen den Weg an einem Stück. Er war damals achzehn Jahre alt und zwei Tage barfuss unterwegs. Seither verehrt er diesen Gott, der als kleine Miniatur auf seinem Armaturenbrett neben Buddha einen Platz bekommen hat. Die Geschichte erzählt er mir, weil ich ihn gefragt habe, warum er als Buddhist einen Hindugott im Auto mitführe. Meine weitere Frage, ob das kein Problem sei, versteht er nicht wirklich. Immer wieder verblüfft es mich, wie locker mit Gottheiten umgegangen wird und wie erbittert die Verfeindungen trotzdem sein können.

Bhila hat noch zusätzlich Fischfutter gekauft. Unser nächstes Ziel ist der wunscherfüllende Khecheopalri See, der von Hindus und Buddhisten gleichermassen verehrt wird. Ein paar indische Touristen sind ebenfalls unterwegs. Der Spaziergang führt vorbei an einem kleinen Tempel durch einen lichten, mit flatternden Gebetsfahnen geschmückten Wald.

Den See rieche ich, bevor ich ihn sehe. Vom Weg führt eine Treppe zum überdachten Steg, der über das sumpfige Gelände zum Ufer leitet. Wir ziehen die Schuhe aus. Mit oder ohne Socken ist die Frage. Da wo der Steg fertig ist, liegen ein paar Bretter am Boden. Ich hoffe, dass mir der Balanceakt gelingt und ich trockenen Fusses ans Ufer gelange. Dort möchte ich die weisse Kata, die ich in Pelling als Begrüssungsgeste erhalten

Sonnenaufgang, Helikopterlandeplatz in Pelling

Kiosk beim Khecheopalri See

habe, zwischen die Gebetsfahnen knüpfen. Ein Vorschlag von Bhila, damit der Zeremonienschal nicht in der Tasche bleiben muss. Doch zuerst schlagen wir beide heftig den Kopf an. Das Gestänge am Ende der Brücke ist sehr niedrig und im Gegenlicht kaum zu erkennen. Selbst kleine Leute werden nicht verschont.

Nun kommt das Fischfutter an die Reihe. Die dicken Karpfen veranstalten ein heftiges Gerangel, die Wasseroberfläche ist schwarz gebuckelt von den glänzenden Leibern. Ich beteilige mich, wenn auch ohne Begeisterung, am Auswerfen der Klösschen, weil ich nicht weiss, was wir sonst mit dem Futter anfangen sollten.

Danach beginnt unsere Wanderung. Der schmale Pfad führt hinauf auf eine Waldlichtung. Dort steht ein bescheidenes Haus. Auf der Tafel über dem Eingang lese ich «Green Tara Temple». Die Front des Gebäudes besteht aus Mauerwerk, die Rückseite, wie wir gleich sehen werden, aus Holzplanken, die mit Wandbehängen verkleidet sind. Der einfache Altar ist aus Brettern gezimmert und mit gelben Tüchern dekoriert. Die goldene Göttin – ein weiblicher Buddha? – strahlt eine milde Würde aus. Daneben befinden sich kleine Figuren und Fotografien von Mönchen. Allerlei Gegenstände liegen auf den Altarstufen, eine abgeschnittene Petflasche scheint als Windlicht benützt zu werden. Die fellbespannte Trommel neben dem niederen Schemel wartet auf die nächste Zeremonie. Die Wasserschalen sind gefüllt. Ein friedlicher Ort.

Vorbei an der kleinen Lepcha Siedlung geht es hinunter zum Fluss. Links und rechts des Weges wachsen Kardamompflanzen und vereinzelte Bambusstauden, schlanke Laubbäume ragen in den Himmel, Vögel pfeifen über uns. Wir gelangen zu einem erstaunlich grossen Brückenkopf, ein Eisensteg führt auf die andere Seite. Rechts von uns befindet sich das Vorgängermodell, eine Hängebrücke mit vermoderten Planken, die ich nicht hätte benützen wollen. Am andern Ufer setzen wir uns auf zwei grosse Steine und packen unser Picknick aus. Der leichte Nieselregen stört uns nicht. Das Rauschen des Flusses absorbiert mich, so erschrecke ich ordentlich, als plötzlich ein altes Männchen mit Machete hinter uns steht. Barfuss. Bhila redet mit ihm, ich lausche der freundlichen, melodiösen Sprache. Der Mann wohnt etwas weiter oben am Hang allein in einer Hütte mit Unterstand. Nun treibt er seine drei Kühe nach Hause. Er besitzt in diesem spärlich besiedelten Gebiet ein grosses Stück Wald.

Den Lepchas und Bhutias gehört von alters her Land, daran wurde auch nach dem Anschluss an Indien nichts geändert. Es ist gesetzlich so geregelt, dass die Urvölker ihr Land nicht verkaufen dürfen, oder anders herum, dass man ihnen das Land nicht abkaufen kann, höchstens im Bodenrecht nutzen. Eine Lösung, die verschiedenen Zwecken dient. Wer sein Land nicht verkaufen kann, geht nicht weg. So bleibt die Grenzregion besiedelt. Bodenbesitz ermöglicht die Selbstversorgung und hilft gegen Verarmung.

Bhila schätzt das dünne verhutzelte Männchen auf siebzig Jahre. Die Vorstellung, das Leben auf diese Art zu verbringen, allein im Wald zu leben, beschäftigt mich noch eine Weile.

Der leichte Sprühregen gefällt den Blutegeln. Ich stopfe die Hosenbeine in die Socken. Bhilas Eitelkeit lässt das nicht zu. Er trägt Dreivierteljeans, kurze Söckchen und die weissen Sneakers, die er kurz vor meiner Ankunft in Bagdogra für zwanzig Dollar gekauft hat. Nicht echt, «but you see, Mädm, they look nice.» Dass sie noch immer blütenrein sind, trotz des matschigen Untergrunds, erstaunt mich. Die weissen Adidas hatten auch die Aufmerksamkeit seines Cousins, des Guesthouse-Besitzers in Pelling, geweckt, der sich echte Markenschuhe locker leisten könnte, wie mir Bhila versichert.

Mein gelber Knirps ist praktisch bei diesem Wetter, die Regenjacke wäre zu warm. Bhila stört es offensichtlich nicht, ein bisschen nass zu werden. Er hat den Stecken mit Stoffbeutel und Salz dabei, den er in Rinchenpong gebastelt hat und wehrt damit die Blutegel ab, die es auf seine nackten Waden abgesehen haben.

Unser Weg führt an der einfachen Behausung des alten Mannes vorbei. Die Wände sind aus geflochtenem Bambus. Eine Ecke der Hütte steht auf der Erde, die andern drei sind durch Pfähle abgestützt. Auf dem Giebeldach liegt eine graue Blache. Zwischen den nahen Baumstämmen ist eine hellblaue Plane als Unterstand für die Kühe gespannt. Ein angebundenes Kalb schaut uns nach. Der Mann und die andern Kühe sind noch nicht da.

Nun wandern wir eine lange Strecke um einen Hügel herum und gelangen nach Labing, einer Lepcha-Siedlung. Der Weg führt zwischen den Häusern hindurch und einmal mehr bewundere ich die schönen üppigen Gemüse- und Blumengärten. Da und dort ein Kalb, eine Kuh, ein schwarzes Schwein, Ziegen, Hühner und Küken. Im unteren Teil der Siedlung wird die Strasse breiter. Bei einem Unterstand, der wie eine Haltestelle aussieht, vielleicht für Sammeltaxis, sitzen zwei Männer. Bhila erkundigt sich nach dem Weg zu einer bestimmten Kreuzung, wo er mit Ashis den Treffpunkt ausgemacht hat. Die Männer antworten freundlich und blicken mich neugierig an. Ihre wettergegerbten Gesichter zeigen den zufrieden lächelnden Ausdruck, dem ich hier überall begegne. Natürlich wollen sie wissen, woher ich komme. «Switzerland» scheint ihnen bekannt zu sein.

Nach ein paar Wegschlaufen entdecken wir Ashis' Auto. Weiter geht es über eine Brücke. Wir überqueren den Rangla, einen männlichen Fluss, im Gegensatz zur Tista, die weiblich ist. Der Punkt, wo sich die beiden Flüsse vereinigen, ist heilig und ein beliebtes Ausflugsziel für Verliebte. Dort werden wir auf der Rückreise vorbeifahren.

Die Grösse Yuksams, der früheren Hauptstadt des ehemaligen Königreichs, überrascht mich, obwohl der Ort nach unseren Massstäben noch immer klein und sehr locker besiedelt ist.

Die Auffahrt zum «Red Palace» ist eine Baustelle, die es zu überwinden gilt. Auf dem Hügel mit schöner Aussicht erwartet mich das bisher grösste, aber auch unpersönlichste Hotel.

So ist mein erster Eindruck. Das Verhalten der kleinwüchsigen Frau an der Rezeption wird sich noch ändern. Ich bin in einem grossen Dachzimmer untergebracht, im grössten, wie ich später feststelle, fast wie ein kleines Chalet. Gegenüber der Zimmertüre befindet sich eine riesige Dachterrasse mit Stühlen, die ich leider nicht nützen kann, weil es allzu heftig regnet.

Seit Beginn der Dämmerung bellen die Hunde um die Wette. Das Wetter bleibt stürmisch. Es knackt im Gebälk, der Wind pfeift durch die Ritzen. Ich schalte den Boiler ein. Dass der Strom ab und zu ausfällt, darüber bin ich informiert worden. Vielleicht reicht es noch für eine Dusche. Ich lade Powerbank und Batterien für den Fotoapparat. Internet ist seit Rumtek keines mehr verfügbar.

Um 19 Uhr gehe ich nach unten zum Essen. Die Frau an der Rezeption stellt mir freundlicherweise den Hotspot ihres Smartphones zur Verfügung, was mich ausserordentlich freut. Das Eis ist gebrochen. Sie freut sich über meine Freude. Wenn es doch immer so einfach wäre.

Wieder einmal bin ich der einzige Gast. Auf dem Tisch im Speisesaal steht eine Tupperware-Flasche mit gefiltertem Wasser. Das schmackhafte «Sikkim Traditional Dish» wird mir nun freundlich serviert. Reis mit Beilagen und einer Brennnesselsuppe, die ähnlich schmeckt wie Spinat. Ich weiss nicht, ob ich ein Dessert erwarten darf. Niemand zeigt sich, den ich fragen könnte. Auch hier stelle ich fest, essen, aufstehen, gehen, erst dann wird der Teller weggeräumt.

An der Rezeption werde ich nach dem Frühstückswunsch gefragt. Eine grosse, kecke, sehr junge Frau – gekleidet (oder eher verkleidet) wie eine englische Gouvernante im Film – in langem Rock und Kostümjacke begleitet mich nach oben. Sie trägt eine chinesische Thermoskanne mit Korkstöpsel, die mit heissem Wasser gefüllt ist, und eine Plastikflasche (Tupperware) mit gefiltertem Trinkwasser, das sie sorgfältig auf den kleinen Tisch beim Fenster stellt. Sie schaut sich im Zimmer um und fragt mich: «You only one people?»

Als ich mit ja antworte, wiederholt sie die Frage, wie wenn ich nicht richtig verstanden hätte. Sie sperrt die Augen auf und kann es nicht glauben, dass ich tatsächlich allein unterwegs bin. Auch dass ich zu Hause einen Mann habe, der auf mich wartet, beruhigt sie nicht.

Es ist kühl und stürmt noch immer, so lege ich eine zusätzliche Decke aufs Bett, schlüpfe darunter und lese: «Sikkim General Knowlege 2016». Bhila hat mir das schmale Buch ausgeliehen. Es bietet einen geschichtlichen Überblick und vor allem Zahlen und Fakten zu Geografie, Berggipfeln, Pässen, Flüssen und Wasserfällen. Zudem findet man die Namen aller Gletscher und heissen Quellen, ebenso Statistiken zur Biodiversität. So lese ich, dass es 35 Sorten Rhododendren gibt und mehr als 600 Schmetterlingsarten. Zur Prüfung des Wissens bietet jedes Kapitel am Ende einen Multiple-Choice-Test an. Dazu kommt es nicht mehr, ich lösche das Licht.

Green Tara Tempel

Strasse «Under Construction» zur Sanghak Chöling Monastery

Spaziergang durch Yuksam

Weil ich immer so früh ins Bett gehe, bin ich um 5 Uhr bereits hellwach. Der Regen hat aufgehört. Der Himmel ist bedeckt. Ich setze mich ins Sofa beim Fenster und höre die Gespräche ab, die ich mit Bhilas Einverständnis in den letzten Tagen aufgenommen habe. Die Qualität ist unterschiedlich. Der Gesang im Kloster von Rinchenpong klingt ganz passabel.

Kurz vor 8 Uhr gehe ich in die Lobby. Die Rezeptionistin freut sich, dass ich ihren Hotspot-Dienst wieder in Anspruch nehme, um meine Mails anzuschauen. Ihr kleiner weisser Schosshund beschnuppert mich. Die Lobby ist grosszügig eingerichtet mit mehreren Sesseln und Sofas, etwas überdimensioniert, aber einladend und bequem.

Der freundliche Mann, der mir gestern das Essen serviert hat, führt mich auf das Flachdach des anliegenden Gebäudeteils, das als Terrasse dient. Geschätzte 100 m²! Der kleine Tisch mit Sitzbank – extra für mein Frühstück dorthin gebracht – steht im äussersten Eck und bietet eine schöne Sicht ins Tal und auf den Weg, den wir gestern gewandert sind. Dass ich noch immer einziger Gast bin, gefällt mir. Wiederum leistet mir ein Hund Gesellschaft. Er liegt unweit in der Sonne, öffnet ab und zu ein Auge.

Der Himmel klart auf. Noch hängen Wolkenreste in den Hügeln. Das Kangchendzönga-Massiv kann man von hier aus nicht sehen. Es liegt im Norden, versteckt hinter den waldigen Bergen, die Yuksam umgeben.

Die nächste Überraschung sind die zwei gefüllten Parathas.

Paratha ist ein Fladenbrot aus Mehl, Wasser und etwas Salz und wird in der Pfanne in reichlich Öl gebraten. Mit einer würzigen Füllung schmeckt es besonders gut. Ich geniesse die wärmende Sonne und schaue dem geschäftigen Treiben im nahen Haus zu. Dort entdecke ich die Gouvernante von gestern Abend und winke ihr zu. Ich lausche den vielen Geräuschen, beobachte den Hund in seiner Schläfrigkeit, sein unregelmässiges Zucken. Nach dem verregneten Gestern scheint es, dass alle den klaren Morgen geniessen.

Bhila holt mich um 9 Uhr ab. Wir wollen Yuksam wandernd besichtigen. Das wird den ganzen Tag in Anspruch nehmen. Zuerst spazieren wir zum Wohnhaus von Yangthang Rinpoche, der nach 25 Jahren Haft aus Tibet zurückgekehrt ist und hier gelebt hat. Im Oktober 2016 ist er gestorben. Die Menschen verehren ihn sehr. Am Gebäude hängt sein Bild, ein gütiges Gesicht. Nun warten die Gläubigen auf seine Reinkarnation und hoffen, dass er in Sikkim wiedergeboren werden wird.

Unterwegs zum Platz, wo der erste König von Sikkim seine Residenz hatte, erzählt mir Bhila eine Geschichte aus seiner Kindheit. In Yuksam wurde einmal im Sinne eines Naturlehrparks eine riesige Voliere eingerichtet mit vielen grossen und kleinen Vögeln. Sein Bruder, der ein paar Jahre älter ist als er, versuchte auf einer Strolchentour zusammen mit seinem Schulfreund – beide waren neunjährig –, einen dieser fetten Vögel zu jagen. Sie gruben ein Loch unter dem Zaun hindurch, krochen in die Voliere, erlegten den schönsten Vogel, nahmen ihn mit, brieten ihn über dem Feuer und gönnten sich ein Festmahl. Natürlich wurde der Durchschlupf und das Fehlen des seltenen Vogels entdeckt. Das Pech des Diebes war, dass er kurz zuvor neue Schuhe bekommen hatte, die er bei dem Abenteuer trug, das Profil verriet ihn. Sein Freund, der barfuss gewesen war, kam ungeschoren davon. Die Busse für das Vergehen, die natürlich die Mutter bezahlen musste, betrug 5000 Rupien, was damals sehr viel Geld war. Damit sie nicht allein unterwegs sein musste, nahm sie den kleinen Bhila mit. Frühmorgens um 2 Uhr marschierten sie zu Hause los. So erreichten sie die Kreuzung rechtzeitig, um den Bus zu erwischen, der dort um 6 Uhr vorbeifuhr. Er brachte sie nach Geysing, dem Hauptort West-Sikkims, der sich in der Nähe der Rabdentse-Ruinen befindet, die wir auf dem Weg nach Pelling besichtigt haben. Sie bezahlten die Busse und kehrten am gleichen Tag wieder nach Hause zurück, eine lange und beschwerliche Reise. Heute ist dieser Bruder ein Vogelexperte und leitet ornithologische Exkursionen.

Wir kommen an einem grossen, erhöht liegenden Tempel vorbei, der sich im Bau befindet. Padmasambhava soll einen Pfeil geschossen haben, der sich hier in die Erde gebohrt hat. Davor befindet sich die Schule, die auch Bhila besucht hat.

In Yuksam gibt es drei königliche Residenzen, zwei davon werden wir besichtigen. Wir spazieren auf schmalen Wegen zwischen verstreuten Häusern mit üppigen Gemüsegärten durch die locker besiedelte Ortschaft. Da heute ein Feiertag ist, sind viele Leute unterwegs. Alle kennen Bhila. Manchmal führen die Pfade ganz nah an den Gärten vorbei oder durch diese hindurch. Alles ist grün, jedes Haus ist von Blumen in allen Farben umgeben. Ich kann mich kaum sattsehen. Maiskolben hängen zum Trocknen unter den Dachvorsprüngen. An einem Strauch entdecke ich Japanische Weinbeeren.

Bhila zeigt mir ein kleines Haus, das seiner Familie gehört, dort will er sein Dairy-Projekt verwirklichen. Zur Zeit wohnen Nepali zur Miete drin.

Dann erreichen wir den wichtigsten Ort in Yuksam, den Norbugang Chörten. Hier wurde Phuntsok Namgyal 1641 von drei Mönchen zum ersten Chogyal auserwählt. Seine Krönung bedeutete die Gründung Sikkims. Grosse Tafeln bieten Informationen in Englisch. In der gepflegten Parkanlage besuchen wir zuerst den Tempel. Auffällig viele Frauen gehen ein und aus. An einem Feiertag haben sie Zeit dazu und treffen sich. Bhila kommt kaum vom Fleck. Er erklärt mir die verwandtschaftlichen Verhältnisse seiner Begegnungen. Ein paar Frauen wundern sich, dass ich so weit gereist bin, um ausgerechnet Yuksam zu besuchen.

Am Krönungsplatz vor einer riesigen Pinie, die aus jener Zeit stammen soll, steht ein mehrstufiger Altar aus Natursteinen. Auf den Stufen befinden sich die Bilder der Gründer-Mönche (oder deren Manifestationen) und des Königs mit je sieben Wasserschalen davor. Ein Windlicht mit Butterkerzen und eine rot-weiss gepunktete Henkeltasse mit Blumen drin schmücken den Altar. Eingefasst ist die heilige Stätte mit einem meterhohen massiven Zaun. Rundum, wie könnte es anders sein, flattern Gebetsfahnen im Wind.

Bhila passt zu den Menschen hier, er strahlt eine gelassene Würde aus, die ich zum ersten Mal wahrnehme. Die meisten der hübschen und feminin angezogenen Frauen sind kleiner als er.

Wir wandern weiter und gelangen wieder zum Kloster (wo Padmasambhavas Pfeil gelandet ist), das sich oberhalb der Schule befindet. Der Weg führt uns von hinten heran, so dass wir über eine Treppe direkt den Dachaufbau betreten können. Zwischen Gerüststangen sitzt ein riesiger dunkelbrauner Buddha mit Bart und weissen Haaren. Er soll 36 Jahre im Bauch seiner Mutter gelebt haben und als erwachsener Mann zur Welt gekommen sein. Gleichzeitig mit uns trifft eine Gruppe Schulkinder ein. Sie nützen den Feiertag für eine Wanderung zu diesem Tempel. Ihr Dorf befindet sich 15 km entfernt, so sind sie heute Morgen sehr früh aufgebrochen. Neugierig beobachten sie uns, wie wir miteinander reden.

Eine gut ausgebaute, frisch geteerte Strasse führt am grün schimmernden, von Wald umgebenen Kathok-See vorbei. Wir spazieren ans Ufer. Steinmännchen und Gebetsfahnen verleihen der Oase eine mystische Atmosphäre. Zwei kleine Buben hocken am Wasser und spielen.

Als Kind hat Bhila ebenfalls viel Zeit an diesem See verbracht, was ihn im Alter von 3 Jahren fast das Leben gekostet hätte. Er wurde bewusstlos herausgefischt und verbrachte ein paar Monate im Spital, bis seine Lungen wieder normal arbeiteten. Warum er hineingefallen ist, weiss er nicht mehr, aber an den gefühlten Tod erinnert er sich.

Ab und zu wartet Ashis mit dem Auto. Umsonst. Die fast fremd anmutende Strasse – so perfekt ist sie gebaut, mit Verbundsteinen am Rand als Fussgängerbereich – führt Richtung Khangchendzonga-Nationalpark-Information-Center. Weiter vorne sind die Belagsmaschinen und Walzen am Arbeiten. Die luxuriöse Fahrbahn ist beim Parkeingang zu Ende. Der beste Strassenbelag von ganz Sikkim befindet sich an diesem äussersten Rand der Zivilisation. Wie ist so etwas möglich?

Bhila liefert mir eine Erklärung. Die Strasse wurde von einem Hilfswerk initiiert und finanziert. Darum konnte sie innert nützlicher Frist realisiert werden und darum wird sie wie keine andere Strasse den schwierigen Wetterbedingungen standhalten. Ashis klärt mich über den Belag auf. Nur in Singapur gibt es noch eine bessere Qualität, dort wird die Oberfläche mit Kunststoff versiegelt, damit kein Wasser eindringen und Schaden anrichten kann. Auf der linken Strassenseite befinden sich mehrere gleichförmige Bürobaracken der Projektplanung für Wasserkraftwerke. Ob das den Strassenbau beeinflusst hat?

Das Khangchendzonga-Nationalpark-Center ist ein dekorativer hell- und dunkelgrün gestrichener Bau. Es informiert über die Geschichte des Parks und das Ökosystem. Hier sehe ich eine Abbildung des begehrten Raupenpilzes Yazacambu, den Bhila als Kind mit seinem Grossvater gesucht hat. Hier sehe ich auch, wie man dieses Wort (ich nehme an in Bhutia) schreibt: «Yartsa-gunbu».

Gegenüber des Centers befindet sich eine Trekkingagentur mit blumengeschmückter Pergola, wo wir eine Teepause einschalten. Sie ist nicht geöffnet, aber Bhila und Ashis wissen sich zu helfen. Sie haben hier übernachtet.

Unser Weg führt nun bergwärts durch einen Wald zum Dubdi Monastery, dem ältesten Kloster Sikkims. Es wurde von denselben drei Mönchen gegründet, die auch für die Krönung des Chogyals verantwortlich waren.

Als wir gemächlich den Berg hochwandern, erzählt mir Bhila, dass das Abfallproblem in dieser Gegend nur halb gelöst sei. Mit den zuständigen Stellen könne man schlecht diskutieren, da sich die Angesprochenen immer gleich beschuldigt fühlten, dabei gehe es darum, eine Lösung zu finden. «Es gibt Gruppen von Freiwilligen, die im Nationalpark regelmässig Abfälle einsammeln und heruntertragen. Beim Parkeingang stehen grosse Container – alles gut und recht, doch was tut man, wenn sie zu wenig oft geleert werden und sich die Hunde über den Müll hermachen?»

Es ist nicht das erste Mal, dass Bhila da und dort ein Papier, eine leere Schachtel, eine weggeworfene Verpackung aufliest und in einem Plastiksack sammelt. Seine Geste hat ansteckende Wirkung. Wie automatisch bücke ich mich ebenfalls, auch wenn es nur nach einem Kaugummipapier ist.

Zwei Chörten aus Natursteinen, verbunden mit weissen Gebetsfahnen markieren den Eingang des Dubdi Monastery. Rechts davon hat sich eine Grossfamilie, alte und junge Leute, Kinder und Jugendliche auf den Steinbänken und im Gras niedergelassen. Auf Tüchern wird ein Picknick vorbereitet. Natürlich, heute ist Feiertag, und es erstaunt mich nicht, dass es Verwandte von Bhila sind.

Er platziert mich auf einer Bank vor dem Kloster, packt meinen Lunch aus, und ist froh, als ich ihn zu seinen Leuten schicke. Zwischendurch bringt er mir ein paar Gemüse-Pakoras vorbei, was ich dem englischen Sandwich vorziehe.

Am Kloster wird renoviert. Innen und aussen. Es gibt immer wieder Wasserschäden, auch Malereien und Ornamente müssen restauriert werden.

Nach dem Klosterbesuch führt mich Bhila zur Verbrennungsstätte des Dorfes. Man sehe nichts, sagt er, aber er wisse, dass mir dieser Ort gefallen werde. Und ich gebe ihm recht. Schon der Weg dorthin erinnert mich an einen verwunschenen Pfad durch den Wald. Verwachsene, moosige, von Flechten behangene Bäume, dazwischen uralte überwucherte kleinere Chörten und am Ende des Pfades ein grosser unscheinbarer Felsbrocken. Die Sage, die mir Bhila erzählt, verstehe ich nicht ganz. Damit dieser Fels nicht wegflog (warum sollte er das?), wurden alle Tiere im Wald zusammengerufen, damit sie ihre Exkremente darauf deponierten, dadurch soll er so schwer geworden sein, dass er nicht mehr wegfliegen konnte. Heute werden die Verstorbenen vom Dorf hierher getragen, auf den flachen Teil des Felsens gelegt und verbrannt.

Einmal höre ich Rascheln im waldigen Abhang und denke an Tiere. Doch ich entdecke Frauen, die in grossen Taschen Laub einsammeln. Es wird als Einstreu für die Haustiere verwendet.

Auf dem Rückweg etwas unterhalb der Klosteranlage besichtigen wir die Klosterschule. Stolz zeigt mir Bhila das Klassenzimmer, wo auch er einmal unterrichtet hat. Viele tun es freiwillig, als sozialen Beitrag an das Gemeinwesen.

Die Kinder sitzen auf einer Matte am Boden, für den Lehrer steht ein kleines Pult mit Stuhl an der seitlichen Wand bereit. Vorne gibt es eine Schiefertafel auf drei Beinen und einen kleinen, an die Wand montierten Altar mit sieben Wasserschalen und religiösen Bildern. Links und rechts hängen Plakate, die zu meiner Zeit Schulwandbilder genannt wurden. Glühbirnen baumeln von der Decke, und auch die Uhr fehlt nicht. Der Raum wirkt recht freundlich, die untere Hälfte der Wände ist hellgrün gestrichen, die obere gelb und die Holzstreben dunkelgrün. Die Matten am Boden sind aus einem roten Gewebe. Eine angenehme Farbkombination.

An das Klassenzimmer grenzt die einfache Küche mit traditioneller Wasserstelle und einem Ofen aus Lehm. Täglich kommt eine Frau hierher und kocht für die Kinder.

Als ich die Zimmer anschaue, wo die Schüler jeweils zu zweit schlafen, durchfährt es mich kalt. Einfache Räume in denselben Farben wie der Schulraum, was ich erst sehe, als sich die Augen an das Gegenlicht des Fensters gewöhnt haben, je ein

Bett an der Wand mit einer gefalteten Wolldecke drauf, sonst nichts. Wenn die Kinder nach einem Schultag nach Hause gehen könnten, wäre die Welt in Ordnung. Doch hier leben vor allem jene Kinder, die kein Zuhause haben. Ich weiss nicht genau, was mich dermassen schockiert. Das einfache Gebäude mit den ungeheizten Räumen? Kinder, die nichts haben als ein Bett mit Wolldecke? Was wäre die Alternative? Ich frage mich, wie diese Kinder emotional überleben. Bhila sagt mir, dass sie nur so brav herumstehen, weil Besuch da ist. Sonst gehe es ziemlich wild zu und her. Meine Frage nach der Körperstrafe beantwortet er diplomatisch, er selber finde es nicht richtig, dass man Kinder schlage und habe es auch nie getan.

Bhila erzählt mir, dass Eltern den Kindern manchmal drohten, sie in eine dieser einfachen Klosterschulen zu stecken, wenn sie herumlümmelten, nicht lernten und nicht gehorchten. Das sei so etwa die schlimmste Androhung mit einer oft heilsamen Wirkung.

Weiter unten kommen wir an einem grossen schildkrötenförmigen Stein vorbei, der mir schon auf dem Hinweg aufgefallen ist. Die Schildkröte ist von vielen grossen und kleinen Kieseln bedeckt und mit Gebetsfahnen bekränzt. Auch Bhila legt einen Stein dazu. Diese Schildkröte, so verstehe ich jetzt, war ebenfalls unterwegs zum Felsbrocken, der nicht wegfliegen sollte – und ist es immer noch.

Dort, wo wir den Weg verlassen, den wir hochgewandert sind, sammeln zwei junge Frauen Brennnesseln. Wie beim Farn sind es nur bestimmte Sorten, die sich zum Essen eignen.

Der Pfad, gesäumt von weissen Gebetsflaggen an senkrechten Stangen, fällt steil ab und führt teils über Treppen direkt ins Dorf hinunter. Die Anpflanzungen reichen weit hinauf: Reis, Hirse, Kardamom, Mais und Kartoffeln, dazwischen Vogelscheuchen und Gebetsfahnen. Die kleinen, einfachen aber schmucken Häuser sind von Topfplantagen mit Orchideen umgeben, sie stehen auf Veranden und in Innenhöfen, so vielfältig wie an der Ausstellung in Gangtok. Zwischen den Häusern liegen üppige Gemüsegärten. Bunte Wäschestücke hängen zum Trocknen an Leinen. An den Stämmen riesiger Avocadobäume klettern Schmarotzerpflanzen, die Feigen tragen.

Bhila redet mit einem alten Mann, der auf einer Mauer sitzt und sich ausruht. Seine überdimensionierte mit Holz gefüllte Chräze steht hinter ihm. Der kleine dürre Mann trägt 80 kg Holz den Hang hinunter. Auf meine Frage, ob es nicht einfacher wäre, die Last zu halbieren und zweimal zu laufen, ernte ich ein mildes Lächeln. Bhila erklärt mir, dass sie gewöhnt seien, Lasten zu tragen – und warum zweimal laufen, wenn es in einem Mal geht? Dass der Rücken darunter leidet, das weiss er. Und dann schneidet er das leidige Thema an, dass sich bei den Trekkings Vorschriften durchgesetzt hätten, welche die Last pro Träger auf 30 kg beschränkten. «Lastentragen gehört hier zum Leben, bereits Kinder tun es. Hier ist alles steil, man hat keine Wahl. Es gibt keine Seilbahnen oder motorisierte Hilfen.» Er selber trage auch 70 kg, das sei keine Kunst. Sein Grossvater habe einen 90 kg schweren Stein vom Berg heruntergetragen. Diesen Stein wird er mir später noch zeigen und als ich ihn sehe, verstehe ich, warum ihn der Grossvater mitgenommen hat. Es ist ein riesiger Bergkristall.

Vor einem besonders prächtigen Garten bleiben wir stehen und werden eingeladen, ihn zu besichtigen. Hier wächst alles, was eine Familie zum Essen braucht. Ich entdecke Baumtomaten, die ich in Kewzing probiert habe. Die jüngere Frau pflückt zwei Früchte und schenkt sie mir, leider habe ich nichts dabei, das ich ihr dafür geben könnte.

Bhila hat die Idee, dass wir unterwegs etwas kaufen sollten, das er ihr später vorbeibringen könnte. Ich finde das eine gute Idee. Er schlägt Blumensamen vor.

Am Ende unserer Wanderung durch Yuksam gelangen wir zum Haus von Bhilas Familie. Ich bin überrascht. Es ist für hiesige Verhältnisse ein schönes und grosses Haus: Dreistöckig, was man selten sieht, eine dunkelgrüne Fassade, rot gestrichene Balkonbrüstungen mit weissen Pfeilern. Die Familie hat das

Haus Bhilas Schwester zu verdanken. Nach dem Erdrutsch von 2006 hat sie vom Staat einen Kredit für ein neues Haus beantragt und auch erhalten. Noch ist er nicht fertig abbezahlt. Als Lehrerin verdient sie 20 000 Rupien, wovon ihr nach Abzug der Raten die Hälfte zum Leben bleibt.

Als wir den Hof betreten, spielt sie gerade mit zwei kleinen Mädchen Federball. Sie trägt den traditionellen Wickeljupe mit Bluse. Das lange schwarze Haar ist im Nacken zu einem Knoten geschlungen. Bhilas Mutter erwartet uns im oberen Stock, auch sie gepflegt mit roten Lippen. Sie ist im gleichen Alter wie ich, etwas kleiner und molliger. Als ich ihr das Kompliment mache, sie habe einen flotten und tüchtigen Sohn, mit dem ich gern unterwegs sei, schaut sie ihn hilfesuchend an. Sie solle «thank you» sagen. Was sie auch tut. Mehr an Konversation muss nicht sein, ein freundliches Lächeln genügt auch hier.

Ich möchte die Wanderschuhe ausziehen, bevor ich das Wohnzimmer betrete, aber Bhila ist entschieden dagegen – und leider setze ich mich nicht durch. Ich würde mich wohler fühlen, wenn ich es getan hätte. Er kümmert sich um den Tee. Unterdessen habe ich Zeit, mich umzuschauen. Grüntöne sind beliebt. Die Farben sind sorgfältig abgestimmt. Gepolsterte ockerfarbene Sessel, ein Sofa, Beistelltische in verschiedenen Höhen, darauf eine Vase mit orangen Orchideen, eine Vitrine, auch der Fernseher fehlt nicht.

Die zwei Mädchen, die ich im Garten gesehen habe, leisten mir nun Gesellschaft, sie sind gleich gross aber offensichtlich nicht gleich alt. Das jüngere ist die Tochter des Bruders und vierjährig, das andere, ein Pflegekind, siebenjährig gehört einer Verwandten, die in Darjeeling arbeitet. Als ich die Farbstifte und Würfel auspacke, sind sie begeistert und beginnen zu spielen. Sie vergessen mich ganz. Ich trinke Tee und knabbere vom typischen Fadengebäck, das ich in Kewzing kennengelernt habe.

Ashis wartet an der Strasse und fährt uns ins Hotel zurück. Ganz zufrieden und etwas müde steige ich in mein Chalet hinauf. Als ich zum Essen wieder hinuntergehe, hängen zwei ältere Männer (jünger als ich?) in der Lobby herum. Sie hängen effektiv herum und lassen halb liegend die Beine über die Seitenlehnen baumeln. Kurze Zeit später tauchen sie ebenfalls im Speisesaal auf und fragen mich, was man hier so unternehmen könne. Das Dubdi Monastery haben sie bereits gemacht – in 55 Minuten. Ich bin wie vor den Kopf gestossen und frage, ob sie ein Trekking vorhätten. Es ist nicht so, dass ich es ihnen zutrauen würde, sie wirken nicht gerade sportlich, aber ich möchte verstehen, warum man hier die Zeit stoppen oder Rekorde aufstellen muss. Sie scherzen ein bisschen herum mit mir. Völlig ratlos bin ich, was ihre Nationalität betrifft. Engländer, Amerikaner? Einer redet Deutsch, nicht akzentfreie. Leben sie in Indien? Ihr Benehmen hat etwas Koloniales. Ich lasse meine Neugier unbefriedigt. Meine Fragen würden unweigerlich zu einem Gespräch führen.

Einfaches Wohnhaus in Yuksam

Topfplantage vor einem Haus in Yuksam

Lange Fahrt nach Darjeeling

Es regnet die ganze Nacht. Frühmorgens höre ich Stimmen und schaue aus dem Fenster auf die Einfahrt hinunter. Männer versammeln sich, einige mit Regenschutz andere ohne. Es sieht nach Vorbereitungen für ein Trekking aus. Spät nachts sind noch Gäste eingetroffen. Wenn sie bei strömendem Regen starten, werden sie triefend nass sein, bevor sie irgendwo angekommen sind.

Als ich im Frühstücksraum eintreffe, ist die Gruppe bereits unterwegs. Ich esse wie gestern gefüllte Paratha, und bald taucht einer der zwei Männer auf, der es schade findet, dass man heute den Kangchendzönga nicht sieht.

«Den sieht man auch bei schönem Wetter nicht», sage ich und merke, dass er nicht versteht, was ich meine. Er glaubt, das sei eine Art Scherz. So erkläre ich ihm, dass sich der Kangchendzönga nordwestlich hinter den bewaldeten Bergrücken befindet.

Um 8 Uhr fahren wir los, es wird ein langer Tag werden. Unser Ziel ist Darjeeling. Die «Hill Station» ist mir aus vielen Romanen und Büchern über die Kolonialzeit bekannt.

Wir machen noch einmal Halt in der Trekking-Agentur, wo Bhila und Ashis übernachtet haben. Wieder staune ich, mit wie wenig man hier lebt. Ein Raum mit Schlafmöglichkeiten und eine Toilette mit Waschbecken ist schon recht komfortabel. Wie überall gibt es in der Nähe von fliessendem Wasser viele Zahnbürsten, die in Mauerritzen und Spalten stecken.

119

Dieses Waschbecken wird von schätzungsweise zehn Personen frequentiert. Neben der Trekking-Agentur befindet sich ein Laden. Im Fenster sind Souvenirs, Kioskartikel, Kleider und Schuhe ausgestellt. Die Besitzerin wird gerufen, weil Bhila mir die CD seiner Schwester, die hier im Laden vorrätig ist, schenken will. Die hübsche, mollige vierzigjährige Frau ist wahrscheinlich direkt aus dem Bett geholt worden. Sie ist weder frisiert noch geschminkt. Wie schon gestern würdigt sie mich keines Blickes. Sie kramt die CD hervor und gibt sie Bhila. Als ich frage, was sie kostet, und Bhila sagt, dass er sie mir schenke, trifft mich der erstaunte Blick der Frau, und jetzt erwidert sie freundlich mein Lächeln. Manchmal wäre es interessant zu wissen, was in den Leuten vorgeht, was sie denken und fühlen, warum sie sich so und nicht anders verhalten.

Bhilas Schwester, die ich gestern kennengelernt habe, ist bekannt für Volkslieder und traditionelle Tänze, die sie mit jungen Leuten einstudiert und aufführt. Die CD wurde in Bhutan herausgegeben und das Cover ist dort als Briefmarke gedruckt worden: «Yuksam Drayang, … lets sing and preserve our Culture – Melody from Yuksam, Sikkim».

Erst zu Hause merke ich, dass es eine DVD mit Bildern und Videos von Sehenswürdigkeiten, Gesängen und Tänzen ist. Die Tänze wirken lebendig, frisch und etwas verspielt. Männer werben um Frauen, ich würde sagen, nach indischer Manier.

Bhilas Schwester ist unverheiratet und will es bleiben. Sie hat mit ihrem Lohn als Lehrerin der Familie ein schönes grosses Haus gebaut. Ich finde das bemerkenswert. Bhila sagt, dass seine Schwester nicht beabsichtige zu heiraten, weil sie dann in der Familie des Mannes leben und zu dessen Eltern schauen müsste. Das will sie nicht. Nach der Pensionierung wird sie als Nonne in einem Frauenkloster leben.

Lichte, sich ständig verändernde Nebelschwaden liegen in den Tälern. Wir fahren viele Kilometer (so kommt es mir vor, tatsächlich sind es nur etwa zwanzig) auf gleichbleibender Höhe den Hängen entlang.

Zum Tashiding Monastery führt eine kurvenreiche Strasse bergwärts. Ashis parkiert das Auto beim Eingang. Von dort gehen wir auf dem schmalen Fussweg hoch zum heiligsten Chörten Sikkims. Er wurde 1641 gebaut und enthält Reliquien des historischen Buddha. Der Besuch soll von allen Sünden reinigen.

In der weiten, gepflegten Anlage mit mehreren verzierten und bemalten Tempeln spazieren einzelne Touristen, ich treffe das britische Paar aus Rinchenpong wieder.

Im hinteren Teil der Anlage restaurieren Bildhauer Steine mit Inschriften. Überall gemeisselte, in kräftigen Farben bemalte Gebetssteine, so weit das Auge reicht. Eine riesige Glocke mit grossem Klöppel hängt an einem Sparren. Sie ist dicht mit Ornamenten und Inschriften verziert. Bhila schlägt sie an. Der Klang ist kräftig und rein. Die Vibration schwingt lange in der Luft.

Neben den weissen Chörten mit den goldenen Spitzen hängen wir Gebetsfahnen auf, die Bhila gekauft hat. Es ist nicht einfach, den richtigen Befestigungspunkt zu finden. Ashis dirigiert uns herum, etwas nach links, etwas nach rechts, dann scheint es perfekt zu sein. Wir binden die Enden der Schnur fest. Weiter vorne gibt es einen Stein, der von Rückenschmerzen befreien soll, wenn man sich darauflegt. Wir probieren es der Reihe nach aus. Ashis ist überzeugt von der Wirkung.

Wir fahren ein Stück zurück auf dem gleichen Weg. Zuerst erreichen wir Likship, danach Reshi Bazar. Erfreut stelle ich fest, dass ich den Ort und den Imbiss, wo wir für die Mittagspause anhalten, bereits kenne. Hier sind wir vor fünf Tagen auf der Fahrt von Kewzing nach Rinchenpong vorbeigekommen und haben ebenfalls gegessen.

Drinnen oder draussen? Ich kann wählen. Schnell wird ein Tisch, der auf dem Vorplatz zwischen Gebäude und Strasse steht, zurechtgerückt und gereinigt. Stühle werden herbeigeholt. Das erledigt ein buckliger Mann auf Geheiss der üppigen Chefin mit rot geschminkten Lippen.

Bhila bringt mir die Lunchbox, die das Hotel in Yuksam für mich mitgegeben hat: zwei Vegetable Cutlets, ein paar Trauben, eine Banane. Dann verschwindet er mit Ashis im Innern. So sitze ich an der Sonne und warte auf die Nudelsuppe, die ich zusätzlich bestellt habe. Ich nehme mein Heft aus der Tasche, blättere darin und mache ein paar Notizen. Der bucklige Mann nähert sich unsicher und schaut mir beim Schreiben über die Schulter. Dann bringt die Chefin die Suppe. Die dünnen geringelten Nudeln sind typisch für die in Indien heiss geliebte Instant-Suppe. Trotz des Skandals wegen angeblicher Verunreinigung ist das Nestlé-Produkt nach wie vor populär. Ich sage, dass mir die Portion zu gross sei, und flugs nimmt mir die Chefin die Schale weg und bringt sie halb gefüllt zurück. Das passt besser. Die Suppe schmeckt wie Instant eben schmeckt.

Dann setzt sich die Chefin zu mir an den Tisch. Eine junge Frau, die mich bereits von der Tür aus beobachtet hat, gesellt sich ebenfalls zu uns. Eine ältere Frau mit einem kleinen Mädchen überquert die Strasse, steht eine Weile unschlüssig herum und setzt sich dann ebenfalls zu uns. Als ich mit der Suppe fertig bin, biete ich den Frauen Trauben und Banane an. Nun wollen sie allerlei von mir wissen. Ich beantworte die Fragen gern: 63 Jahre alt, aus der Schweiz, war bereits in Nepal und Bhutan, Sikkim gefällt mir sehr gut. Die junge Frau, die im Auftrag der andern die Fragen stellt, spricht gut Englisch. Sie ist vierzig Jahre alt und arbeitet als Lehrerin. «Dort oben», sagt sie. Hier befindet sich alles entweder oben oder unten. Die Wirtin will wissen, weshalb ich allein reise, wenn ich doch verheiratet sei? Ich sage, dass mein Mann nicht so lange von seiner Firma wegbleiben könne. Aber es hätte mich doch jemand anders begleiten können. Eigentlich schon, aber niemand wolle so weit fort. Dann werden die Fragen forscher. Die Lehrerin fragt mich, warum ich keine Kinder hätte. Aus medizinischen Gründen, antworte ich ihr.

«Und dein Mann hat dich behalten?»

Sie sagt, dass bei ihnen der Mann eine andere Frau nehmen würde. Ich wende ein, dass es ja nicht unbedingt an der Frau liegen müsse, und ernte Gelächter. Ja natürlich, wir Frauen wissen das, aber die Männer hier in Sikkim wollen das nicht glauben. Die Lehrerin sagt nun, dass sie nicht heiraten werde, weil sie ihre Freiheit nicht aufgeben wolle, sie lebe bei ihrem Vater und dessen Bruder. Sie mache den beiden den Haushalt, aber das sei kein Problem. Die Schweiz ist für die Lehrerin ein Traumland. Sie sagt, die Regierung betrachte die Schweiz als Vorbild, weil dort alles perfekt organisiert sei. Davon seien sie hier weit entfernt. Ich antworte, dass mir Sikkim gut gefalle und dass alles seine Zeit brauche, um sich zu entwickeln. Ich weiss nicht, ob die andern Frauen uns verstehen, aber selbst das quengelige Mädchen setzt sich auf den Schoss der Grossmutter und hört zu.

Als Bhila und Ashis auftauchen, verstummen wir und sind plötzlich eine verschworene Gemeinschaft. Diese Art von Frauensolidarität habe ich in Indien schon oft erlebt. Man redet sehr frei und offen miteinander, solange kein Mann zugegen ist. Frauen kochen und essen oft und gern zusammen, auch bei grösseren Anlässen bleiben sie meistens unter sich.

Die Reise geht weiter. Es dauert keine Minute, bis Bhila fragt, worüber die Frauen mit mir geredet hätten. Ich lasse ihn etwas schmoren. «Ja, wir haben über interessante Sachen gesprochen. Und ja, natürlich auch über Männer.»

In Jorethang, einem Ort mit etwas weniger als 10 000 Menschen, wo wir einen Halt einschieben, gibt es viele Läden, so kann ich mir ein neues Heft kaufen. Das kompakte Büchlein über Sikkim, das mir Bhila ausgeliehen hat, ist leider nirgends zu bekommen, nicht einmal etwas Ähnliches.

Bis nach Melli Bazar, wo ich die Aufenthaltsbewilligung für die Ausreise abstempeln lassen muss, fahren wir den Fluss entlang, der die westbengalische Grenze bildet. Es ist eine sehr lange Fahrt auf meist schlecht ausgebauten Strassen. Von Melli bis Darjeeling werden nochmals über 1000 Höhenmeter zu bewältigen sein. Wir brauchen fast drei Stunden für eine Strecke von 40 km. Es regnet. In den Hügeln ist es neblig. Kurz vor Darjeeling machen wir noch einmal Rast, nicht um Tee zu trinken, sondern um das Auto waschen zu lassen, was von einem jungen Burschen mit Wassereimer und Schwamm erledigt wird. In Darjeeling selber gibt es keine Parkplätze, und Ashis will nicht mit dem schlammverspritzten Auto im Hotel eintreffen. Was ich verstehe. Auf der ganzen Reise ist es ihm gelungen, jeden Morgen mit einem blitzblanken Auto vorzufahren.

Der Verkehr wird intensiver, die Strassen sind so eng, dass kaum zwei Autos aneinander vorbei kommen. Wir stehen still oder fahren im Schritttempo. Es stinkt, ist neblig, Menschen, Staub, Dreck, und zudem kreischt und russt noch dieses unsägliche Weltkulturerbe von einer Dampflock zwischen den Häusern hindurch. Die Stadt ergiesst sich förmlich über den Hügel bis weit in die faltigen Hänge hinunter. Ein richtiger Schock nach der langen, wenn auch holperigen Fahrt durch die wenig besiedelte Landschaft.

Das Hotel «Elgin», im kolonialen Stil, macht einen gepflegten, luxuriösen Eindruck. Ich atme tief durch und trete ein. Es ist mir zu nobel, ich habe mich in den einfachen Unterkünften auf dieser Reise sehr wohl gefühlt. Hier findet ein Zirkus statt, wie ich ihn aus alten Filmen kenne. Das Personal steckt in schwarzen Anzügen oder rot-weissen Uniformen mit seltsamen Kappen und anderem Kopfschmuck. Ein geschäftiges Treiben. Eine Frau poliert die Stufen der Holztreppe, ein Porter kümmert sich um mein Gepäck. Ich realisiere, dass hiermit der schöne Teil der Reise beendet ist. Das Bild, das ich mir von Darjeeling gemacht habe, stellt sich als falsch heraus.

Afternoon Tea mit Gebäck wird serviert. Bhila und Ashis begeben sich auf die Suche nach einer Unterkunft. In Darjeeling ist alles anders. Sie sagen, es sei schwierig etwas Sauberes und Preiswertes zu finden.

Mein nächstes Projekt ist Geld wechseln. Das Hotel kann es nicht tun, auch gibt es keine Bank dafür. Bhila hat mich entsprechend informiert, aber ich habe ihm nicht geglaubt. Warum sollte man in dieser touristischen Stadt kein Geld wechseln können?

Die Rezeption bestellt einen Money Changer für mich. Kurze Zeit später werde ich gerufen. Da ist er schon! Wie im Film: Geschwellte Brust in schwarzer Lederkluft, den Motorradhelm unter dem Arm. Ein fliegender Wechsler, würde ich sagen. Wir nehmen in der Lobby Platz, er auf dem breiten Sofa, ich auf der schmalen Bank. Wahrscheinlich haut er mich übers Ohr, da ich schlecht vorbereitet bin und den aktuellen Kurs nicht kenne. Mit leiser Neugier beobachte ich uns. Er sitzt vorteilhaft, bequem mit Kissen im Rücken und Seitenlehne, ich auf der komfortfreien Bittstellerbank. An den Fingern trägt er dicke Ringe mit grossen Steinen, gelbgoldene Panzerketten an Hals und Handgelenk. Er tippt mit seinen manikürten Fingernägeln auf dem – wie könnte es anders sein – goldenen Smartphone herum, greift in die vorne geöffnete Jacke, zieht ein Bündel Noten heraus und zählt sie so flink wie ein Kartenspieler auf das Tischchen zwischen uns. Kaum bin ich im Zimmer, rechne ich nach. Allzu schlecht bin ich nicht gefahren. Zehn Prozent weniger als am Flughafen.

Im üppig dekorierten, mit weissen Tischtüchern und Silbergedecken ausgestatteten Restaurant gibt es Büffet für westliche und indische Essgewohnheiten. Man hat mich nicht allzu schlecht platziert. Aber wie so oft, sitze ich mit dem Rücken zu den anderen Gästen. Einerseits ist das angenehm, weil die Leute mich anschauen können, ohne dass ich es merke, andererseits gibt es auch für mich weniger zu beobachten. Immerhin habe ich den Buffet-Betrieb in meinem Blickfeld. Zu entdecken, wie viel und was sich die Leute auf die Teller laden, ist ja nicht uninteressant. Hier ist es definitiv vorbei mit der unbeschwerten, herzlichen Freundlichkeit. Es geht ums Trinkgeld, das merke ich genau – und kann es auch verstehen. Trotzdem fühle ich mich nicht mehr so gut aufgehoben.

In den Korridoren hängen alte Fotografien, die Holzdielen knarren. Ich bin mehr als zufrieden mit dem Zimmer, schön und gross, mit Tisch, Sesseln und Sofa. Der Lärm der Zivilisation brummt, das Bett federt ungewohnt weich, ich spüre ein Surren in mir. Obwohl ich im obersten Stock wohne, fahren die Autos auf Fensterhöhe vorbei. Es gibt wie überall in dieser Gegend nur aufwärts oder abwärts. Alles ist steil, darum ist der oberste Stock – je nach Perspektive – auch gleichzeitig unten. Im Badezimmer glänzen Armaturen aus Messing und schwarzer polierter Stein. Die Wanne mit Vorhang steht auf Füssen. Nach dem Duschen trete ich in eine grosse Wasserlache am Boden, Matte und Hotelpantoffeln sind nass.

Windbetriebene Gebetsmühle, Tashiding Monastery

Gebetssteine, Tashiding Monastery

Unterwegs in Darjeeling

Noch ist die Luft klar. Smog und Nebel bilden sich später am Vormittag. Das grosse Fenster im Treppenhaus bietet einen guten Blick auf die bunten Häuser der dicht bebauten Hänge.

Es ist ein Fehler, hier Chai Masala zu bestellen. Entsprechend lange muss ich darauf warten. Später in der Teeplantage werde ich erfahren, dass man in Darjeeling natürlich nur «Darjeeling» trinkt und den schwarzen Assam-Tee als minderwertig betrachtet. Mit dem Essen habe ich Glück. Durch den Fauxpas bei der Teebestellung ist mir wieder eingefallen, dass es Dosa Masala gibt, eine Art Omelett aus einem dünnen, knusperig gebackenen Crêpe-Teig gefüllt mit Tomaten, Zwiebeln, Kräutern und Chili, ein schmackhaftes Frühstück. Was mir gefällt, ist die internationale Mischung der Gäste. Entsprechend vielfältig ist die Auswahl am Buffet.

Als ich wieder die Treppe hochsteige und aus dem Fenster schaue, sehe ich nichts mehr. Die Stadt ist in Nebel gehüllt.

Um 9 Uhr sitze ich in der Lobby und warte auf Bhila. Nach einer Weile werde ich unruhig und halte Ausschau. Eine Viertelstunde später gehe ich Richtung Parkplatz und sehe, dass er beim Auto steht.

Warum er nicht ins Hotel hinein gekommen ist, erklärt er mir auf dem kurzen Fussweg zum Markt. Einige Hotels mögen nicht, wenn sich «Locals» in der Lobby aufhalten und schicken sie weg. Natürlich gilt für Guides eine Ausnahme, doch wer sieht Bhila schon an, dass er einer ist?

In der schmalen, mit Bambusstäben und transparenten Plastikplanen überdachten Marktgasse sind die Leute dabei ihre Verkaufsstände einzurichten. Grosse Säcke und Schachteln mit Textilien werden geleert, Pullover an Bügeln aufgehängt, gefaltete Stoffe und Kleidungsstücke auf Brettern ausgelegt. Regenschirme in verschiedenen Grössen und Farben baumeln von der Decke. Das gelbliche Licht rührt vom Plastikdach her und taucht die Szenerie in eine ungewöhnliche Stimmung. Ist es Morgen oder Abend?

Wir spazieren über einen grossen Platz mit einer Bühne und Grossleinwand in der Art eines Open-Air-Theaters. Eine breite Steintreppe bietet schätzungsweise 400 Sitzplätze. Der Platz heisst Darjeeling Mall und befindet sich oberhalb der überdachten Marktgasse. Wir werden ihn noch ein paarmal überqueren.

Zu Fuss folgen wir nun einer wenig befahrenen Strasse bis zum Zoo. Unser eigentliches Ziel ist das Bergsteigermuseum, das sich innerhalb des Zoo-Areals befindet. Leider, so stellen wir fest, als wir dort ankommen, ist es heute geschlossen, so müssen wir unseren Plan ändern.

Wie immer, wenn er gebraucht wird, taucht Ashis mit dem Auto auf. Wir fahren zu einer Teeplantage. Nun wird es wieder schmal und eng in den überfüllten Strassen. Das übliche Verkehrschaos. Einmal blicke ich in ein unfertiges Haus, darin befindet sich eine raumgrosse Gitarre, ein surrealer Anblick.

Ashis stoppt am Strassenrand. Links und rechts an den Felsen wird geklettert. Knotentechnik, Seilhandhabung, Sichern und Abseilen werden instruiert und geübt. Ich bin fasziniert, was hier in der Stadt alles los ist. Nichts unterscheidet sich von einem Kletter-Training bei uns. Die Gruppen sind gemischt. Kletternde Frauen scheinen nichts Besonderes zu sein. Hier hat Bhila einen Teil seiner Ausbildung zum Trekking-Guide absolviert. Das Spezielle ist, dass sich die Kletterfelsen direkt an der unübersichtlichen und dichtbefahrenen Strasse befinden. Die Gefahr, unter ein Auto zu geraten, ist mit Sicherheit grösser, als am Fels abzustürzen.

Der Nebel hat sich aufgelöst. Beim Spaziergang durch die Teeplantage zeigt sich eine weite, hügelige, rundum grüne Landschaft. An einem Aussichtspunkt können Touristen eine traditionelle Tracht anziehen und sich fotografieren lassen. Weiter vorne steht auf einer Tafel: «Please Kindly Do Not Pluck The Tea Leaf!»

An den vielen Verkaufsständen beim Tea Garden View Parkplatz wird heftig um Kunden geworben. Bhila und Ashis sind gern gesehen bei den jungen Frauen. Es wird geschäkert, was das Zeug hält. Ich setze mich derweil in eine der Hütten und trinke Tee, den man hier zuerst probiert, bevor man ihn kauft.

Ein Gewürzstand weckt mein Interesse. Pfeffer und Kardamom. Ich lasse mir etwas schwarzen Pfeffer in eine Tüte abfüllen. Der Mann erzählt Bhila, dass der grüne Kardamom momentan teurer sei als der braune. Es geht wie überall um Angebot und Nachfrage. Bhila überlegt sich, ob die Information für seine Leute wichtig sein könnte. Jetzt, da auch der Letzte braunen Kardamom angepflanzt hat, kippt das Verhältnis auf die andere Seite. Das ist eine Gesetzmässigkeit, nur will man sie nicht wahrhaben. Die Gefahr von Krankheiten nimmt bei Monokulturen ebenfalls zu, so wurde vor ein paar Jahren eine ganze Ernte brauner Kardamom vernichtet, was den Preis in die Höhe getrieben hat.

Bhila soll den Tee, den ich gekauft habe, der Frau in Yuksam als Gegengeschenk für die Baumtomaten bringen.

Danach geht's zum Tibetan Refugee Camp. Neben der Ausstellung, die es zu besichtigen gibt, werden auch Handarbeiten hergestellt und verkauft. Veloräder dienen den zwei alten Mütterchen, die ihre Enkel hüten, zum Spinnen von Wolle.

Draussen verkauft ein Mann Orangen. Er sagt, ich müsse ein Kilo nehmen, er habe kein anderes Gewicht für seine Handwaage. Die Früchte sind schlecht und teuer. Bhila verhandelt, was die Früchte billiger aber nicht besser macht. Eigentlich wollte ich dem Mann einen Gefallen erweisen. Nun lasse ich es bleiben.

Auf der Rückfahrt, als wir die dichter besiedelten Gebiete erreichen, ist es Zeit zum Essen. Am Bahnhof gebe es gute Momos, sagt Bhila. Die Teigtaschen werden frisch zubereitet und schmecken auch nach dem x-ten Mal einfach gut. Warum ich sie in der unwirtlichsten Ecke, umringt von streunenden Hunden essen muss, verstehe ich nicht. Wieder erkenne ich das bekannte Muster: Eine Single-Frau setzt man ins Abseits, wo sie weder stört noch auffällt. Als sich die Hunde zu raufen beginnen, wechsle ich zu einer Bank mit Aussicht auf die Geleise. Ashis und Bhila gesellen sich zu mir. Heute essen wir alle das Gleiche, und zwar von Hand.

Die nächste Station ist die japanische Peace Pagoda. Sie liegt in einem ruhigen, gepflegten Park. Friedenspagoden stehen an verschiedenen Orten der Welt, der Bau ist von einem buddhistischen Mönch aus Japan initiiert worden. Die Bauwerke sind Symbol für das friedliche Zusammenleben aller Ethnien und Religionen. Besichtigt habe ich bereits jene in Nepal. Informationen über die Geschichte gibt es im Innern des Tempels, der gleichzeitig ein Museum ist. Zum Stupa hinauf führt eine Treppe. Dort lohnt es sich, beim Umkreisen im Uhrzeigersinn die kunstvollen Holzschnitzereien, die Buddhas Lebensstationen darstellen, in Ruhe anzuschauen.

Wir fahren durch verstopfte Strassen. Mein Orientierungssinn streikt. Als der Verkehr stillsteht, steigen Bhila und ich aus und gehen zu Fuss weiter. Die Strassen sind eng, ich hefte mich an seine Fersen. Gebetsfahnen und Wäschestücke hängen über den Gassen, Schilder über den Köpfen: «Sikkim Milk», «Xerox», «Dentist», «Aircel», «Coaching Classes», «Trek-Mate», «Diagnostic Centre» ... Die Menschen bummeln gemächlich, manche sind eilig unterwegs, in modisch gesteppten Sommerjacken, mit Lasten auf den Schultern, Schultaschen, Rucksäcken, einmal bleiben wir vor einem niedrigen Gebäude mit Fachwerkfassade aus der Kolonialzeit stehen, lassen uns dann weiterschubsen, wechseln die Strassenseite. An den

Mauern wuchern weiss blühende gänseblümchenartige Pflanzen. Motorräder drängen vorbei, Männer in Uniformen und orangen Mönchsgewändern.

Vom Parkplatz eines Gebäudedachs schauen wir durch ein wirres Netz von Strom- und Telefonkabeln dem Treiben auf der Strasse zu. Wir befinden uns oberhalb des grossen Taxistandplatzes. In Reih und Glied warten die kleinen Busse und Jeeps auf Kundschaft. Taxis sind das Transportmittel schlechthin. Die Häuserzeilen machen den Eindruck von in die Höhe gebauten Provisorien. Ab und zu bildet ein Ladenschild, eine Reklame oder ein Mauerstück einen Farbtupfer. Auf einem noch nicht rostig gewordenen Wellblechdach, das zwischen den blau und grün gestrichenen Häuserfassaden als Terrasse dient, sind neben Töpfen mit Kräutern Wäschestücke zum Trocknen ausgelegt. Eine farbenfrohe Idylle inmitten des Wirrwarrs.

An einer Gabelung müssen wir warten, bis wir die Strasse überqueren können, dabei entdecke ich etwas, das ich so noch nie gesehen habe – und warte gleich noch ein bisschen länger, um den Vorgang genau zu beobachten. Jedes Auto, das die Strasse herunterkommt, muss eine Haarnadelkurve bewältigen. Dazu ist eine Spitzkehre notwendig. Das Auto fährt mit vollem Einschlag in die Kurve, schiebt sich zurück, soweit es geht, und fährt dann wieder vorwärts. Immerhin handelt es sich um eine Einbahnstrasse, und die Fahrer lassen sich gegenseitig Raum und Zeit. Es gibt Autos, die bereits rückwärts den Weg herunterrollen und eine einfache Spitzkehre ausführen. Wie das kommt, verstehe ich nicht. Man stelle sich vor, jedes Auto vollführt hier jeden Tag dieses Manöver. Fussgänger queren, ganze Familien, Händler, Schubkarren, Velos und Töffs bewegen sich zwischen den manövrierenden Fahrzeugen. Dass Autofahren unter solchen Umständen eine absolute Kunst ist, versteht sich von selbst. Ich habe in den vergangenen Tagen kein einziges Mal erlebt, dass sich zwei Autos touchiert hätten. Man fährt mit eingeklappten Seitenspiegeln im Zentimeterabstand aneinander vorbei. Kein Hund, kein Mensch ist gestreift worden, die Kühe sowieso nicht. Manchmal liegen mehrere

Hunde völlig furchtlos mitten auf einer Kreuzung. Sie wissen, dass ihnen nichts geschieht.

Wir sind zurück auf der Darjeeling Mall, dem Platz mit der Grossleinwand. Auf der Bühne findet eine Veranstaltung statt. Verschiedene Volksgruppen singen, tanzen und spielen Instrumente. Wir schauen eine Weile zu. Mich amüsieren die kleinen Kinder, die nicht merken, dass sie sich auf einer Bühne befinden und dass ihnen das Publikum beim Herumspringen zuschaut. Die Mütter und Nannys bleiben gelassen. Es hat niemand das Bedürfnis, Ordnung zu schaffen.

Der kalte Wind treibt mich bald zurück ins Hotel. Ein Tee in der Lobby wärmt mich auf.

Die Atmosphäre beim Essen ist recht angenehm. Es hängt sicher mit meinem neuen Platz an der Fensterfront zusammen, von hier aus habe ich eine schöne Übersicht. Zwar lag das Gedeck wieder verkehrt herum auf, doch diesmal habe ich es gedreht. Nun schaue ich in den Speisesaal hinein. An meinem Platz von gestern, gleich vor dem Büffet sitzt eine Familie. Es wird sich noch herausstellen, dass dies der Tisch für Neuankömmlinge ist.

Belebtes Viertel in Darjeeling

Idylle mitten in der Stadt

Der berühmte Toy-Train

Die Wartezeit bis zum Frühstück verkürzt mir das Buch von Heiko Klein und Sabine Riese «Trekking in Sikkim und Darjeeling». Es gefällt mir, von Orten zu lesen, die ich nun kennengelernt habe. Zwischendurch schaue ich aus dem Fenster. Der Vorhang ist etwas geöffnet. Auf Augenhöhe führt ein Fussweg vorbei. Schulkinder in Uniformen sind unterwegs. Die Mädchen mit langen schwarzen Haaren, oft zu Zöpfen geflochten, tragen weisse Röcke und blaue Jäckchen, dazu weisse Socken und schwarze Schuhe. Die Kleineren gehen häufig an der Hand einer erwachsenen Person. Etwas weiter oben führt die Autostrasse vorbei, das Hupen ist noch mässig jetzt am frühen Morgen.

Um 9 Uhr starten wir in unseren letzten Tag in Darjeeling. Wir spazieren zur Railway Station, auch Ashis begleitet uns – zu Fuss. Heute soll ich mit dem berühmten Toy Train, der vor über 120 Jahren von den Briten gebaut worden ist, eine Fahrt unternehmen. Das darf in keinem Touristenprogramm fehlen.

Es ist nicht einfach, sich durch die engen Strassen mit den vielen Autos und Menschen zu bewegen. Wie erprobt, gehe ich dicht hinter Bhila, sonst hätte ich keine Chance, vorwärts zu kommen. Die Leute überholen und blockieren, Gräben, Steine, Sandhaufen müssen um- oder überschritten werden. Manchmal wechseln wir die Seite. Beim Bahnhof angekommen, warten wir erst einmal.

Bhila hat mich vorgewarnt. Es sei nicht so durchorganisiert

135

wie in der Schweiz. Dass der Zug um 9.40 Uhr losfahre, sei ein Versprechen, das sicher nicht eingehalten werde. Auf den vier Geleisen stehen mehrere Wagen bereit. Die Loks werden rangiert. Touristen mit Tickets in den Händen versuchen sich zu orientieren und irren zwischen den Geleisen und leeren Bahnwagen herum. Zuversichtlich sitze ich auf einer Bank und warte. Auf den Tickets stehen Nummern. Diese Nummern werden später mit Kreide auf die Bahnwagen geschrieben (ganz klein neben der Tür). Mein Vorteil ist, und darum kann ich so gelassen dasitzen, dass ich das erklärt bekommen habe von Bhila. Andere Hinweise, Nummern und Zeiten, Tafeln und Inschriften sind ungültig, Auskunft erhält man keine. Bhila wird von allen Seiten bestürmt, aber nein, er ist kein Bahnangestellter. Geduldig und freundlich erklärt er, dass man jetzt einfach noch warten müsse.

Endlich werden die Nummern an die Wagen auf den verschiedenen Gleisen geschrieben. Das bringt etwas Klarheit in die internationale Touristenschar – und auch Bewegung. Kaum dass ich mich versehe, sind die Eingänge blockiert. Die Leute drücken sich hinein. Bhila, etwas flinker als ich, reserviert mir einen guten Platz. Ich sitze im Wagen gleich hinter der Lock. Dass der Lärm nicht nur beim Rangieren so unerträglich laut ist, sondern auf der ganzen Strecke so bleiben wird, stelle ich fest, als die Fahrt beginnt.

Wenn ich gewusst hätte, wie schrecklich laut das Pfeifen und Stampfen, wie verschmutzt die Luft durch eine solche echte alte UNESCO Weltkulturerbe-Dampflokomotive wird, hätte ich diese Fahrt nicht unternommen. Dampf vernebelt die Sicht, Russ wirbelt durch die Luft und zieht durch die undichten Fenster ins Innere. Die Gleise führen extrem nah an den Häusern vorbei. Die Leute müssen zur Seite treten. Eigentlich hätte ich es wissen müssen. Leider bin ich nicht auf die Idee gekommen, dass es nicht nur eine Fahrt pro Tag gibt, sondern über fünfzig solcher Züge dieses Spektakel veranstalten. Ich bin eine von vielen, die dieses Vergnügen, das keines ist, gebucht hat. Alle wollen von einer echten alten Dampflokomotive durch die schmalen Strassen und über die Türschwellen der Einheimischen gezogen werden.

In Grum beim Eisenbahn Museum gibt es eine halbe Stunde Aufenthalt. Die Lok wird umgehängt. Es geht zurück. Mir ist die gute Laune abhanden gekommen, und ich bin froh, als ich endlich alles hinter mir habe.

Bhila und Ashis erwarten mich und sind nicht überrascht von meinem Missfallen. Sie haben es nicht anders erwartet.

Der Zoobesuch ist ebenfalls keine verlockende Angelegenheit, aber vielleicht begeistert mich ja das Bergsteigermuseum, das dort integriert ist. So spazieren wir zurück zum Platz mit der Grossleinwand und schalten eine Pause ein. Es gibt Kaffee und Gemüseplätzchen. Bhila leistet mir Gesellschaft, was mich freut. Ich merke, dass er es geniesst, in diesem hypen Coffee Shop zu sitzen, wo viele junge Leute ein- und ausgehen.

Weil Feiertag ist, sind im Zoo viele Familien unterwegs. Auch im Museum herrscht reger Betrieb. Bei einem Vergleich mit dem Bergsteigermuseum von Pokhara in Nepal, schneidet dieses hier nicht sehr gut ab. «Das Bessere ist der Feind des ...» Der Strom fällt aus. Es ist stockdunkel. Wir folgen den andern Besuchern nach draussen. Als das Licht wieder angeht, kehren wir zurück und setzen die Besichtigung fort. Ausser schönen Bergbildern, altem Bergsteigermaterial, historischen und geologischen Bildtafeln gibt es auch Steine zu besichtigen. Als ich Bhila erkläre, was ein Ammonit ist, merke ich, dass ich sein Interesse auf ein Gebiet lenke, das ihm unbekannt ist. Dank Wikipedia wird es für ihn einfach sein, sich Informationen über das Entstehen dieser Versteinerungen zu beschaffen, die er seinen Gästen weitergeben kann.

Draussen kaufen wir zwei Glace und spazieren zum Gehege, wo wir vielleicht den Roten Panda beobachten können. Sich für diese seltene Tierart zu interessieren, ist ein Muss, und ich erfülle dies pflichtbewusst. Wir sehen gleich zwei Rote Pandas. Auf der Tafel lese ich, dass sie vom Aussterben bedroht sind. Ihr natürlicher Lebensraum befindet sich im östlichen Himalaja.

Ashis wartet im Auto auf uns. Da es ihm nicht möglich war zu parkieren, ist er die ganze Zeit herumgefahren. Er sagt, dass man mit einer Sikkim-Nummer strenger kontrolliert werde, und ein Parkvergehen will er sich nicht leisten.

Weiter geht es zum Happy Valley Tea Estate. Die Teeplantage bietet touristische Führungen durch die Verarbeitungsanlage an. Ich bin froh, dass wir noch etwas warten müssen, eine willkommene Pause. Mein Kopf brummt.

Hier wird der echte Darjeeling angebaut, den die Briten ursprünglich aus China importierten. Ich nehme an, dass dies auch bei den andern Teeplantagen in dieser Region der Fall ist. Der junge Mann, um den wir uns versammeln, wirkt überzeugend. Wir folgen ihm an den Rand der Plantage. Noch sind die Blattknospen der Sträucher zu jung, um gepflückt zu werden. Ich bin umgeben von indischen Hausfrauen. Sie betrachten die Teezubereitung als ihr Fachgebiet und stellen entsprechend differenzierte Fragen. Eigentlich spannend. Und herrlich, wie oft die Handys klingeln, wie laut und unbekümmert die Frauen schwatzen. Ich bin etwas zu müde und überreizt, um allen Ausführungen zu folgen. Zum ersten Mal habe ich Kopfschmerzen auf dieser Reise. Kein Wunder nach dieser grauenhaften Weltkulturerbe-Dampflokomotiven-Fahrt. Die Frauen wollen wissen, worauf sie beim Tee-Einkauf achten sollen und wo es in Delhi echten Darjeeling gebe. «Den gibt es nur hier», sagt der Verkäufer, «wir exportieren nichts.» Weiter erklärt er, dass weltweit viel mehr Darjeeling im Handel sei, als hier im Gebiet produziert werde. Da liege es auf der Hand, dass gefälschte Ware im Umlauf sei. Assam Tee, erfahre ich, trinke ein Teekenner nicht. Der Verkäufer redet über Teesorten, wie wir bei uns über Weine reden.

Am Schluss der Führung degustieren wir verschiedene Qualitäten des echten Darjeeling. Sechs Tassen mit Proben stehen bereit. Mit den Löffeln, die zu den Tassen gehören, gibt man etwas Tee auf den eigenen Löffel und probiert. Ein hygienisches Ritual. Leider kapieren das nicht alle. Die beste Qualität «First Flush» ist mir, da ich weder Teetrinkerin noch -kennerin bin, zu teuer. Nichts zu kaufen, behagt mir ebenfalls nicht. Die mittlere Qualität schmeckt mir gut, so kaufe ich ein kleines Paket für Bhilas Mutter.

Im Hotel schlucke ich eine Kopfwehtablette, lege mich eine halbe Stunde hin und bin danach wieder munter. Als ich an meinem bevorzugten Platz im Speisesaal sitze und die Suppe löffle, fällt mir eine etwa vierzigjährige hübsche, westlich gekleidete Inderin auf. Sie steht zwischen den Tischen und wartet darauf, dass sich jemand um sie kümmert. Sie lächelt freundlich und blickt nach den Kellnern, die geschäftig umhereilen. Typisch denke ich, man lässt sie ein wenig schmoren. Und typisch, denke ich, dass sie zum ganzen Spiel eine gute Mine macht. Wie würde sich ein Mann verhalten? Wie würden sich die Kellner bei einem indischen Mann verhalten? Bestimmt nicht so nachlässig. Dann endlich bemüht sich der Oberkellner, ihr den Platz mir gegenüber zuzuweisen.

Sie stammt aus Mumbay und reist aus verschiedenen Gründen allein, einer ist die Tochter, die nicht mitkommen wollte oder konnte. Nächste Woche wird sie in Delhi Freunde treffen und mit ihnen auf Löwen-Safari gehen. Allein zu reisen sei besser, als zu Hause zu bleiben, sie brauche Abstand, um sich zu erholen. Sie redet viel und locker daher. Nicht unangenehm, aber etwas zu leise, so muss ich oft nachfragen, was anstrengend ist. Der Umgebungslärm, wozu ich auch die Live-Klaviermusik zähle, ist störend. So bleibe ich nicht länger als nötig am Tisch und sage, um nicht unhöflich zu sein, dass ich packen müsse.

Noch gibt es ein ungelöstes Problem. Ich habe erfahren, dass mir Bhila morgen ein Geschenk überreichen wird. Das trifft mich unvorbereitet. Ich muss mir unbedingt etwas einfallen lassen. Sonst kann ich nicht schlafen. Karten und Umschläge für das Trinkgeld habe ich von zu Hause mitgenommen. Nun brauche ich etwas, das dem Ganzen eine persönliche Note verleiht. Ich weiss, dass die Menschen Wert darauf legen. Schenken ist eine Kunst, die ich leider nicht beherrsche.

Die Karte mit dem Pferd passt zu Ashis, jene mit dem Baum zu Bhila. Wenigstens diese Entscheidung fällt mir leicht. Ich entwerfe zwei Texte und schreibe sie in möglichst leserlicher Schrift ab. Dann zähle ich das Geld nach und lege die Scheine mit den Karten in die Umschläge. Für Trinkgelder, die Bestandteil des Lohns sind, gibt es Regeln, so lässt sich die Aufgabe relativ gut bewältigen.

UNESCO Weltkulturerbe

Unterwegs im Toy-Train

Nach Bagdogra zum Flughafen

Auf dem Schrägdach vor dem Fenster turnen Affen herum. Einer nagt an einem Maiskolben, den er offensichtlich geklaut hat. Man sieht ihm das schlechte Gewissen an, er wirkt gestresst und schaut sich ständig um.

Es ist 6 Uhr, ein langer Tag steht uns bevor. Wir werden nach Bagdogra zum Flughafen fahren. Ich packe fertig und habe endlich eine Idee für die Geschenke: Der orange und der gelbe Dry-Bag! Sie sind hübsch, zweckmässig und fast neu. Hinein kommen die Umschläge mit dem Geld und die Karten. Dann falte ich sie zusammen und stecke sie in den Tagesrucksack.

Im Frühstücksraum muss ich warten, obwohl man mir versichert hat, dass um sieben alles bereit sein werde. Die fünf Minuten verdreifachen sich. Ich bestelle Tee ohne nähere Bezeichnung und schaue, was mir gebracht wird. Diesmal ist er schwarz wie Assam-Tee. Darjeeling ist hell und wird ohne oder mit nur ganz wenig Milch getrunken. Vegetable-Cutlet und Roti werden am Buffet als erstes bereitgestellt, das ist ganz in meinem Sinn. Doch irgendwie merke ich, dass ich mich heimwärts bewege. Ich bin daran die Kultur zu wechseln, denn zum Abschluss esse ich ein Küchlein (Madeleine) mit Butter und Orangenmarmelade.

Es sieht nach Regen aus. Feuchte Nebel hängen in den Strassen. Das Auto wartet mit laufendem Motor, darum weiss ich, dass Ashis und Bhila nicht weit weg sein können. Die Heckklappe lässt sich öffnen, und der Porter hievt meine Reisetasche hinein. Er hat das Trinkgeld bereits erhalten. Dass er damit zufrieden ist, leite ich daraus ab, dass er bei mir wartet, bis die zwei jungen Männer angerannt kommen. Sie haben noch Tee getrunken. Dort wo sie untergebracht waren, gab es keinen.

Kaum sind wir ausserhalb der Stadt, schwindet der Nebel, ein klarer Himmel öffnet sich. Ashis fährt an den Strassenrand und hält an. Erwartungsfroh blickt er sich zu mir um. Nach einer Weile sehe ich, warum er angehalten hat. Am blauen Himmel zeigt sich das herrliche Panorama des Kangchendzönga-Massivs.

Sich frühmorgens auf einen Gipfel transportieren zu lassen, um genau diese Berge im Licht der aufgehenden Sonne zu bestaunen, wäre in Darjeeling ebenfalls ein Muss gewesen, dem ich mich jedoch verweigert habe. Mit Heerscharen lärmender Touristen auf den Sonnenaufgang zu warten, das kenne ich bereits, davor wollte ich mich bewahren.

Die Fahrt dauert lang, die Strassen sind schmal, und die Durchfahrt ist immer wieder blockiert, das kann an einem Lastwagen liegen, der gerade entladen wird oder darauf wartet entladen zu werden, an einem Haufen Steine, die bereitliegen für Ausbesserungsarbeiten, an Gräben und Löchern, die umfahren werden müssen. Immer wieder sehe ich in den entgegenkommenden Autos Männer sitzen, die Anzüge mit Krawatten tragen und sich wahrscheinlich in ein Büro oder Amt fahren lassen.

Eine Teepause ermöglicht mir die Toilettenbenützung. Diesmal ohne Spülung, was nicht für die Hygiene spricht. Ich bitte um etwas Wasser, weil ich die Hände waschen möchte. Die Männer im Lokal verstehen mich nicht. Ashis eilt zu Hilfe. Er nimmt eine Flasche und leert mir Mineralwasser über die Hände. Den Tee trinke ich, ohne mit der Wimper zu zucken, und hoffe, dass die Tasse einigermassen sauber ist.

Shiliguri ist die grösste Stadt im Darjeeling-Distrikt. Für die 60 km dorthin brauchen wir fast vier Stunden. Die Fahrt durch die Stadt zeigt, dass wir in Indien angekommen sind. Ashis sagt, dass man hier nicht aussteigen sollte und er nie hier übernachten würde. Er macht eine schneidende Handbewegung unterhalb des Kinns. In den Strassen herrscht ein Gewimmel von Velo- und Motorikschas, Kühen, Hunden, Töffs, neuen und alten Autos, Lastwagen, Karretten, Lastenträgern und Handwagen. Läden, Marktstände, staubige Bäume, Vögel, zerzauste Kinder und geputzte mit sauberen Kleidern, Abfallhaufen, Kabelgewirr, Masten, Menschen wie Ameisen scheinbar ziellos zielgerichtet. Wir überqueren den Mahananda-Fluss und treffen bald in Bagdogra ein. Die Fahrzeiten sind schwer zu berechnen. Für die letzten paar Kilometer brauchten wir nochmals fast eine halbe Stunde.

Am Flughafen bleibt uns genug Zeit, die Geschenke auszutauschen. Ich werde genau beobachtet, als ich die Schachtel öffne und die bemalten Porzellan-Schalen herausnehme. Sie gefallen mir und ich bedanke mich herzlich dafür. Ich hoffe, dass sie sich über die Dry-Bags ebenfalls freuen. Sicher müssen sie zuerst herausfinden, wozu sie nützlich sind.

Das Check-In für meinen Flug mit GoAir um 15.15 Uhr ist noch nicht möglich. So setze ich mich mit meinem Gepäck auf einen der wenigen Sitzplätze in der Wartehalle. Von hier aus die Anzeigetafeln zu lesen, ist fast nicht möglich, und wenn ich aufstehe, verliere ich den Platz. Langweilig ist es nicht. Inder reisen in Familienverbänden. Immer und überall wird gegessen. Pakoras oder panierte Plätzchen kommen zum Vorschein, Apfelschnitze und Süssigkeiten werden herumgereicht.

Ein älterer Mann, begleitet von seiner Frau, setzt sich auf den freigewordenen Sitz neben mir. Er versucht ein Gespräch anzufangen. Da ich nichts verstehe, sage ich «English». Er nickt eifrig und lächelt. Seine Frau reicht ihm eine runde Blechdose, darin sind Kath-Blätter. Er bietet mir eines an. Dankend lehne ich ab. Die Szene muss vom Sohn beobachtet worden sein, der ärgerlich herkommt und dem Alten die Büchse wegnimmt. Auch das Blatt, das dieser bereits in der Hand hält, will er ihm entwenden, doch das lässt der Alte nicht zu und stopft es sich schnell in den Mund. Es ist Zeit zu gehen. Der Sohn wirkt nervös. Der Alte lässt sich nicht aus der Ruhe bringen und lächelt fortwährend. Auf dem Sitz bleiben ein paar Brösel der süssen, in die Kath-Blätter eingewickelten Füllung zurück.

Es ist nicht einfach, die Gesetzmässigkeiten des Eincheckens zu durchschauen. Langsam werde ich unruhig und gehe zum Schalter. Warum meine Flugnummer nur ganz klein unter der aktuellen Destination angegeben ist, andere jedoch gross und von weitem sichtbar, verstehe ich nicht.

Vom Gepäck befreit gehe in den ersten Stock hinauf, wo es Restaurants gibt. Seit dem Frühstück habe ich nichts mehr gegessen. Die zwei Somosas schmecken herrlich. Schon ist es Zeit für den Security-Check. In der Lady-Line muss ich die Ellbogen ausfahren, damit ich nicht weggequetscht werde.

Dann heisst es, nochmals warten. Ich finde einen freien Sitz und habe die Anzeigetafeln unter Kontrolle. Es sind zwei Gates in Betrieb. Das System ist folgendermassen: Wird ein Flug ausgerufen, stellen sich die Leute in die Reihe und warten. Last Call für den vorherigen Flug, nochmals und nochmals, unzählige Last Calls. Ich bleibe abwartend sitzen und stehe erst nach etwa 20 Minuten auf, als sich die Schlange in Bewegung setzt. Draussen in der Gangway, die abwärts führt, wird nochmals gewartet. Die verspäteten Last Call-Passagiere für den vorherigen Flug werden an uns vorbei geschleust. Verschiedene Busse stehen bereit. Wer steigt in welchen ein? Spannend! Es ist ein Wunder, dass alle zum richtigen Flugzeug gelangen. Einerseits kommt mir die Organisation chaotisch vor, andererseits geht es dann doch plötzlich diszipliniert und schnell vorwärts.

5 D ist ein Gangsitz. «Flying to 23 destinations with more than 160 flights daily» lese ich auf meiner Bordkarte. Dann starten wir mit nur einer Viertelstunde Verspätung.

Neben mir sitzt ein junges Paar. Ich tippe auf Honeymoon. Für die Frau ist es bestimmt der erste Flug. Einmal muss mich der Mann wecken, weil er an mir vorbei auf den Gang hinaus will. Als ich etwas zu der Frau sage, erschrickt sie und wendet sich ab. So lasse ich es bleiben.

Es ist nicht Dinesh, der mich am Flughafen in Delhi abholt, sondern ein anderer junger Mann. Er sagt, er freue sich, die Frau kennenzulernen, für die er schon ein paarmal die Flugtickets gebucht habe.

Weil die Swiss erst nach Mitternacht startet, ist für mich ein «Wash'n change room» im Hotel «Lemon Tree» reserviert. So bleibt mir etwas Zeit, mich umzuziehen und zu essen. Der Speisesaal ist überfüllt mit internationalen Reisegruppen, die hungrig das Buffet umschwärmen, ein Albtraum für jede Individualtouristin.

Es ist wieder Dinesh, der mich um 22 Uhr im Hotel abholt. Jetzt ist der Verkehr weniger dicht als tagsüber, so gelangen wir schnell zum Flughafen. Dort rennt uns der Taxifahrer nach, Dinesh hat seine Tasche im Auto vergessen. Und noch einmal rennt er uns nach mit Dineshs Töffhelm.

Auf mein eigenes Gepäck habe ich diesmal achtgegeben. Dinesh entschuldigt sich damit, dass er zu wenig schlafe, weil er immer nachts arbeite. Es tut mir leid für ihn, darum enthalte ich mich eines Kommentars.

Nachts ist es ruhig im Flughafen. Die Leute dösen, lesen, beschäftigen sich mit ihren Laptops und Smartphones. Dann höre ich die Durchsage:

«Das Flugzeug ist zum Einsteigen bereit!»

Abschied von Sikkim

Bhila und Ashis

Nach der Reise

Wenn ich von einer Reise heimkehre, empfinde ich die Landschaft bei uns wie eine Parkanlage, alles ist perfekt arrangiert und ordentlich aufgeräumt. Die Gärten sind gestaltet, die Grünflächen getrimmt und die Strassen sauber gefegt. Damit hadere ich nicht. Was ich vermisse, sind die vielfältigen vegetarischen würzigscharfen Speisen. Das motiviert mich jeweils, meine indischen Kochkünste wieder aufzufrischen und auch in meiner eigenen Küche zumindest etwas Ginger, Chili und Knoblauch zu verwenden. Diese Phase dauert in der Regel zwei Wochen, dann bin ich wieder assimiliert. So ist es auch dieses Mal. Wäre es Winter, könnte sich leicht eine Depression einschleichen. Aber nein, zu dieser Jahreszeit blüht die Natur in vielen Farben, der Frühling zeigt sich mit warmen Temperaturen und einem meist blauen und klaren Himmel.

Mit dem Sortieren der Fotos geht es nur langsam vorwärts. Ich sollte einen grossen Teil löschen, was mir schwer fällt. Bhila und Ashis warten auf die versprochene Diashow. Nur weiss ich noch nicht, wie ich sie nach Sikkim übermitteln soll. Sie meinten eine DVD per Post zu schicken, wäre am einfachsten, ihre Geräte seien nicht so leistungsstark, um grosse Datenmengen herunterzuladen.

Ein paar Tage später schicke ich Bhila meine Kontaktdaten und erhalte kurz darauf Musik-Dateien per WhatsApp. Es ist die Musik, die wir immer und überall gehört haben, im Auto, im Hotel, im Restaurant, religiöse Gesänge, oft Lobpreisungen von

Guru Rinpoche, wie sie Bhilas Schwester auf der Sikkim-DVD singt, oder das Mantra «Om mani pae mey hun», gesungen in ruhig fliessenden Melodien. Etwas wehmütig höre ich zu.

Bhila schreibt mir manchmal, schickt Fotos, wenn er unterwegs ist, meistens mit indischen Gästen, sie bilden das wichtigste Touristen-Segment. Dann höre ich längere Zeit nichts mehr von ihm und stelle fest, dass meine WhatsApp-Nachrichten ungelesen bleiben. Es ist mittlerweile Juni. Mit einer unbestimmten Vorahnung suche ich im Netz nach Infos und lese im Sikkim-Express, dass in Darjeeling Unruhen ausgebrochen sind. Es gibt Demonstrationen, die Polizei erschiesst zwei Männer. Ich lese über Gorkhas, die für ein unabhängiges Gorkhaland kämpfen. Wie objektiv die Berichterstattungen sind, weiss ich nicht.

Endlich erhalte ich eine Nachricht, die mich sehr erleichtert. Bhila ist soeben aus Darjeeling nach Yuksam zurückgekehrt. Es gebe dort grosse Probleme, weil die Menschen für Gorkhaland streikten, Touristen seien blockiert gewesen, viele Autos angezündet und Menschen getötet worden. Er selber sei für eine Woche steckengeblieben, die Polizei habe ihn zusammen mit einer Gruppe Studierenden evakuiert. Es sei nicht mehr möglich gewesen, sich über Social Media auszutauschen, da die Chefministerin die entsprechenden Netzwerke habe abschalten lassen.

Ein Aspekt oder gar die Initialzündung für die Unruhen war die Ankündigung der Chefministerin gewesen, dass in der Schule zusätzlich als obligatorisches Fach Bengali unterrichtet werden sollte. Die meisten Menschen in Darjeeling, das zu Westbengalen gehört, sprechen jedoch Nepali. Nach diesem Vorfall flammte die Forderung nach einem verfassungsmässig anerkannten Gorkhaland erneut auf. Dieser Anspruch, der immer wieder Konflikte auslöst, besteht bereits seit hundert Jahren.

Sikkim ist von den Unruhen insofern betroffen, als durch den Streik das Transportwesen lahmgelegt wird. Der Sikkim-Express zeigt Bilder vom grossen Gemüsemarkt in Gangtok, die beweisen sollen, dass die (Selbst-)Versorgung klappt und frisches Gemüse erhältlich ist. Gleichzeitig lese ich, dass sich im Grenzgebiet von Bhutan und China auf dem Doklam-Plateau indische und chinesische Truppen gegenüberstehen. China, das im Zusammenhang mit dem Projekt «One Belt, One Road» Stützpunkte errichtet, soll beim Strassenbau die Grenze des Königreichs Bhutan verletzt haben, welches von Indien militärisch unterstützt wird, was von China wiederum als Provokation empfunden wird. Die Meldung schafft es bis in die NZZ. Ein Kräftemessen, wie es zur Zeit auch an anderen Orten auf der Welt passiert. Und wieder einmal denke ich, dass es den Menschen gut gehen könnte, wenn nicht ..., aber dieses «wenn» wird es immer geben.

In den folgenden Wochen zeigt sich, dass der Konflikt weiterschwelt und niemand wirklich daran interessiert ist, ihn zu beenden.

Anfang September lese ich dann zu meiner Erleichterung, dass China und Indien die Truppen abgezogen und ihren seit Jahrzehnten heftigsten Grenzstreit um das Doklam-Plateau beendet haben.

Bhila freut sich über meine Dia-Show, die ich per Dropbox-Link mit WhatsApp übermittle. Das Paket mit den DVDs ist leider nicht angekommen, auch nach Wochen nicht, und ich nehme an, dass jemand anders die Riccola-Holunderblüten-Zeltli schleckt, die ich als Überraschung dazugelegt habe.

Immer wieder lese ich von Erdrutschen, was bei der schroffen Topografie und den klimatischen Verhältnissen nicht verwunderlich ist. Ich hoffe sehr, dass Bhila und Ashis gut über die Runden kommen und sie ihre liebenswerte, offene Wesensart behalten können.

Im Herbst erhalte ich von Bhila einen langen Mail-Brief. Er hat das Darlehen für sein Dairy-Projekt bekommen und auf seinem Land einen Stall mit Zementfundament gebaut. In Dentam hat er eine Kuh und ein Kalb der Jersey-Rasse gekauft. Die Kuh gibt täglich zwölf Liter schön fette Milch. Das Kalb soll im Dezember gedeckt werden. Einen Teil der Milch verkauft er an Familien in Yuksam, aus dem Rest stellt er Butter und Käse her. Er hat einen Mann angestellt, der zu den Tieren schaut und die anfallenden Arbeiten erledigt, wenn er selber als Guide unterwegs ist.

Im Sommer war er mit Offizieren und Politikern in den Bergen, um die Trekking-Trails zu kontrollieren und wo nötig zu reparieren. Da im Oktober 2016 Yangthang Rinpoche, der Mönch, der 25 Jahre in tibetischer Gefangenschaft verbracht hat, in Yuksam gestorben ist, wurde dieses Jahr eine grosse Trauerzeremonie für ihn und den kommenden Rinpoche («Coming Rinpoche in Future») veranstaltet. Etwa 1000 Mönche aus verschiedenen Klöstern reisten nach Yuksam und blieben für einen Monat dort. Bei den zweimal täglich stattfindenden Gebets-Zeremonien halfen die Dorfbewohner und auch Bhila als Volontäre mit.

Danach konnte der Alltag wieder einkehren und das Leben seinen gewohnten Lauf nehmen. Nun hofft Bhila, dass sich die Lage in Darjeeling bis Ende Jahr beruhigt und er in Kalimpong nochmals Kühe kaufen kann. Ich bin gespannt zu erfahren, wie sich sein Dairy-Projekt entwickelt. Es freut mich, dass mich Bhila trotz der grossen Entfernung an seinem Leben teilhaben lässt, und so mein Gefühl der Verbundenheit aufrecht erhält.

Yuksam ist mir als schöner friedvoller Ort in Erinnerung. Wenn ich an Sikkim zurückdenke, denke ich vor allem an Bhila und Ashis und an die vielen liebenswerten Menschen, denen ich dort begegnet bin.

Wandbild, Sanghak Chöling Monastery

Wandbild, Manifestation von Guru Padmasambhava

Die Autorin

Elisabeth Jucker, geboren 1954, lebt und arbeitet in Wettingen. Ihr beruflicher Werdegang führte sie von der Fotografie übers Reisen zur Literatur und zum literarischen Schreiben. Sie ist in der Erwachsenenbildung und als Autorin tätig. Seit 2000 publiziert sie Erzählungen, Romane und Reiseberichte.

Auf mehreren Reisen lernte sie Indien vom Süden bis in den Norden kennen. Unterwegs ist es ihr wichtig, mit den Menschen in Kontakt zu kommen, Einblicke in ihre Lebens- und Denkweise zu erhalten und etwas über die Vorstellung ihrer Zukunft zu erfahren. Die Bekanntschaft mit hoffnungsfrohen jungen Leuten lassen sie an die Wandlungsfähigkeit und die Zukunft dieses riesigen Landes glauben.

Weitere Bücher

Unterwegs auf Nepals Treppen. *Reisebericht*
125 Seiten mit Fotos, Tredition 2017

Das Trekking zum Annapurna Base Camp in Nepal zählt
zu den bekanntesten und meist begangenen Routen. In
diesem Buch schreibt Elisabeth Jucker von den vielen
Kilometern auf nepalesischen Treppen und Wegen, von
den verschiedenen Lodges, in denen sie übernachtet hat,
und natürlich vom schmackhaften Essen, das immer und
überall frisch gekocht wurde. Sie berichtet von Begeg-
nungen mit Menschen, von Guides und Trägern, von
Händlern und Verkäuferinnen. Einige haben ihr aus den
Leben erzählt.

Paperback   *ISBN 978-3-7439-0183-4*
Hardcover   *ISBN 978-3-7439-0184-1*
e-Book   *ISBN 978-3-7439-0185-8*

Unerhörtes Glück. *Roman*
192 Seiten, gebunden und als eBook erhältlich
edition 8, Zürich 2018
ISBN 978-3-85990-332-6

Die Villa. *Roman*
224 Seiten, gebunden, edition 8, Zürich 2007
ISBN 978-3-85990-113-1

Übers Meer. *Roman*
208 Seiten, gebunden, edition 8, Zürich 2003
ISBN 3-85990-042-0

Gestern brennt. *Zwei Erzählungen*
160 Seiten, gebunden, edition 8, Zürich 2000
ISBN 3-85990-018-9